චතුරාර්ය සත්‍යාවබෝධයට ධර්ම දේශනා....

පහන් සිළ නිවෙන ලෙස
පිරිනිවී වැඩි සේක

පූජ්‍ය කිරිබත්ගොඩ ඤාණානන්ද ස්වාමීන් වහන්සේ

චතුරාර්ය සත්‍යාවබෝධයට ධර්ම දේශනා....

පහන් සිළ නිවෙන ලෙස පිරිනිවී වැඩි සේක

පූජ්‍ය කිරිබත්ගොඩ ඤාණානන්ද ස්වාමීන් වහන්සේ

© සියලුම හිමිකම් ඇවිරිණි.

ISBN : 978 955 061 420 2

ප්‍රථම මුද්‍රණය : ශ්‍රී බු.ව. 2554 ක් වූ මැදින් මස පුන් පොහෝ දින
දෙවන මුද්‍රණය : ශ්‍රී බු.ව. 2556 ක් වූ නිකිණි මස පුන් පොහෝ දින

- සම්පාදනය -

මහමෙව්නාව භාවනා අසපුව
වඩුවාව, යටිගල්ඔළුව, පොල්ගහවෙල.
දුර : 037 2244602
info@mahamevnawa.lk | www.mahamevnawa.lk

- පරිගණක අකුරු සැකසුම, පිටකවර නිර්මාණය සහ ප්‍රකාශනය -

මහාමේඝ ප්‍රකාශකයෝ
වඩුවාව, යටිගල්ඔළුව, පොල්ගහවෙල.
දුර : 037 2053300, 0773216685
mahameghapublishers@gmail.com | www.mahameghapublishers.com

- මුද්‍රණය -

ලීඩ්ස් ග්‍රැෆික්ස් (පුද්.) සමාගම,
අංක 356 E, පන්නිපිටිය පාර, තලවතුගොඩ.

චතුරාර්ය සත්‍යාවබෝධයට ධර්ම දේශනා....

පහන් සිළ නිවෙන ලෙස පිරිනිවී වැඩි සේක

පූජ්‍ය කිරිබත්ගොඩ ඤාණානන්ද ස්වාමීන් වහන්සේ
විසින් පවත්වන ලද සදහම් වැඩසටහන් වලදී දේශනා කරන ලද
සූත්‍ර දේශනා ඇසුරෙනි.

මහාමේඝ
MAHAMEGHA

ප්‍රකාශනයකි

පෙළගැස්ම....

"දසබලසේලප්පභවා නිබ්බානමහාසමුද්දපරියන්තා
අට්ඨංග මග්ගසලිලා ජිනවචනනදී චිරං වහතූති"

දසබලයන් වහන්සේ නමැති ශෛලමය පර්වතයෙන් පැන නැගී
අමා මහා නිවන නම් වූ මහා සාගරය අවසන් කොට ඇති
ආර්ය අෂ්ටාංගික මාර්ගය නම් වූ සිහිල් දිය දහරින් හෙබි
උතුම් ශ්‍රී මුඛ බුද්ධ වචන ගංගාව
(ලෝ සතුන්ගේ සසර දුක නිවාලමින්)
බොහෝ කල් ගලාබස්නා සේක්වා!

(සළායතන සංයුත්තය - උද්දාන ගාථා)

නමෝ තස්ස භගවතෝ අරහතෝ සම්මාසම්බුද්ධස්ස
ඒ භාග්‍යවත් අරහත් සම්මා සම්බුදුරජාණන් වහන්සේට නමස්කාර වේවා!

01.
මහා පරිනිබ්බාන සූත්‍රය

(දීඝ නිකාය 2 - මහා වර්ගය)

ශ්‍රද්ධාවන්ත පින්වතුනි,

මේ ලෝකයට පහළ වන ඉතාම දුර්ලභ වූ මනුෂ්‍ය රත්නය කියන්නේ බුදුරජාණන් වහන්සේටයි. බුදුරජාණන් වහන්සේ නමක් මේ ලෝකයට පහළ වෙනකොට මේ මහා පෘථුවියට පවා ඒක දැනෙනවා. ලෝකයේ තනිකරම මහා ඝන අන්ධකාරයේ පවතින එක්තරා නිරයක් තිබෙනවා. අන්න ඒ නිරය පවා ඒ මොහොතේ ආලෝකමත් වෙනවා. බුදුරජාණන් වහන්සේ නමක් පහළ වීම කියන්නේ ඒ තරම්ම දුර්ලභ වූ ආශ්වර්යවත් දෙයක්.

ඉතින් පින්වතුනි, මේ යුගයේ අපේ වාසනාවට අපි මිනිස් ලෝකයට ඇවිදිල්ලා යමක්කමක් දැන කියාග න්න කොට අපටත් ඔන්න ආරංචි වුණා 'බුදු කෙනෙක් පහළ වුණා කියලා, එතැනින් අපි නැවතුණේ නැහැ. ඒ බුදුරජාණන් වහන්සේ 'මේ මේ ධර්මය දේශනා කළා'

කියලා අපට අහන්න ලැබෙනවා. ඒ ධර්මය ශ්‍රවණය කරපු 'මේ මේ ශ්‍රාවක පිරිස් අමා මහ නිවන සාක්ෂාත් කළා' කියලා අපට අහන්න ලැබෙනවා...

ලුම්බිණියේ සල් උයනේ කුමරු උපන්නේ...

ඒ බුදුරජාණන් වහන්සේ පහළ වුණේ මේ මහා භද්‍ර කල්පයේ සතරවැනි බුදුරජාණන් වහන්සේ හැටියටයි. ඒ බුදුරජාණන් වහන්සේ පහළ වුණේ වෙසක් පුන් පොහෝ දවසක ලුම්බිණි සල් උයනේදීයි. ඒ වෙසක් පුන් පොහෝ දවසේ ලුම්බිණි සල් උයනේදී බුදුරජාණන් වහන්සේ පහළ වෙනකොට තව්තිසා දිව්‍ය ලෝකයේ දෙවිවරු පවා මහත් ප්‍රීති ඝෝෂා පවත්වන්නට පටන් ගත්තා. දිව්‍ය ලෝකයේ දෙවිවරු මහත් උත්සව කරන්න පටන් ගත්තා 'මේ ලෝකයට පරමෝත්තම, පූජනීය නරෝත්තමයන් වහන්සේ පහළ වුණා...' කියලා.

බෝසතාණන් වහන්සේ මේ ලෝකයට වැඩම කරලා පියවර හතක් ඉදිරියට වැඩම කරමින්, ඒ උපන් දවසේම අභීත සිංහ නාදයක් නැගුවා...

"අග්ගෝ හමස්මි ලෝකස්ස
ජෙට්ඨෝ හමස්මි ලෝකස්ස
සෙට්ඨෝ හමස්මි ලෝකස්ස
අයමන්තිමා ජාති නත්ථි දානි පුනබ්භවෝ'ති"

මම ලොවට අග්‍ර වෙමි.
මම ලොවට ජ්‍යෙෂ්ඨ වෙමි.
මම ලොවට ශ්‍රේෂ්ඨ වෙමි.
මේ මාගේ අන්තිම උපතයි. ආයෙත් පුනර්භවයක් නැත.

මහාමායා බිසව ජීවත් වුණේ දින හතයි...

බෝසතාණන් වහන්සේගේ පහළ වීමෙන් උන්වහන්සේගේ පියාණන් වන සුද්ධෝදන රජතුමාත්, මෑණියන් වන මහාමායා බිසවුන් වහන්සේත් අප්‍රමාණ සන්තෝෂයට පත්වුණා. ධර්මතාවයක් හැටියට ඕනෑම බුදු කෙනෙකුන්ගේ බුද්ධ මාතාව දින හතකින් කළුරිය කරලා තුසිත දිව්‍ය භවනේ මාතෘ දිව්‍යරාජයා හැටියට උපත ලබනවා. ඉතින් බෝසතාණන් වහන්සේගේ මෑණියන්ගේ අභාවයෙන් පස්සේ ප්‍රජාපතී ගෝතමිය තමයි සුළුමව් හැටියට පින්වත් ළදරුවා හදා වඩා ගත්තේ.

බමුණන්ගේ අනාවැකිය...

මේ පුංචි දරුවාගේ අනාගතය අහන්න එකසිය අටක් බමුණන්ව රජ මාළිගාවට කැදෙව්වා. ඒ පැමිණුන ලක්ෂණ ශාස්ත්‍රයේ වේද වේදාංගයන්ගේ කෙළ පැමිණි බ්‍රාහ්මණ පණ්ඩිතවරු මේ පුත් රුවන තමන්ගේ අතට අරගෙන හොඳට පරීක්ෂා කරලා බැලුවා. මොනවද පරීක්ෂා කළේ? මහා පුරුෂ ලක්ෂණයි. එකින් එක මහා පුරුෂ ලක්ෂණ ඔවුන්ට පේන්න පටන් ගත්තා. මහා පුරුෂ ලක්ෂණ එකිනෙක පේන්න පටන් ගත්තාම ඔවුන්ට හඳුනාගන්න පුළුවන් වුණා, 'මේ වනාහි මේ යුගයේ පහළ වන්නා වූ පරම ශ්‍රේෂ්ඨ, මහානීය පුරුෂ රත්නයක් බව. මේ පුරුෂ රත්නය යම් හෙයකින් ගිහි ගෙදර රැඳී සිටියහොත් ඒකාන්තයෙන්ම සක්විති රජ බවට පත්වෙනවා. යම් හෙයකින් ගිහි ජීවිතය අත්හැරලා පැවිදිභාවයට පත් වුණොත් ඒකාන්තයෙන්ම අරහත් සම්මා සම්බුදුරජාණන් වහන්සේ නමක් බවට පත් වෙනවා කියලා ඔවුන් අනාවැකි පළකළා. මේ මොහොතේ මෙතැන හිටියා බ්‍රාහ්මණ

පණ්ඩිත කෙනෙක්. ඔහුගේ නම තමයි 'කොණ්ඩඤ්ඤ'. ඔහු එක ඇඟිල්ලක් උස්සලා මෙහෙම කිව්වා, "මේ පුත් රුවනට තිබෙන්නේ එකම එක ඉරණමයි. මේ පුත් රුවන එකාන්තයෙන්ම සම්මා සම්බුද්ධත්වයට පත්වෙනවා..." කියමින් 'සිද්ධාර්ථ' කියන නම උන්වහන්සේට තැබුවා.

යොවුන් කුමරු ගත කළේ ප්‍රීතිමත් ජීවිතයක්...

සුපුන් සඳක් මෝරනවා වගේ මේ පුංචි පුත්‍රරත්නය ටිකෙන් ටික වැඩෙන්නට වුණා. ටිකෙන් ටික වර්ධනය වුණා. මේ පුංචි දරුවා ටිකෙන් ටික වර්ධනය වෙද්දී අතිශයින්ම දක්ෂ විදිහට ශිල්ප ඉගෙන ගත්තා. ඉගෙන ගැනීමේදී ගුරුවරුන් විසින් යම් ආකාරයකට උගන්වනවාද, ඒ උගන්වන වචන ඒ ආකාරයෙන්ම, ඒ සැණින්ම ධාරණය කරගන්න තරම් කුමාරයා දක්ෂයි. සිද්ධාර්ථ කුමාරයා තරුණ වයසට පත්වෙද්දී සුද්ධෝදන රජතුමා මාළිගා තුනක් හදලා දුන්නා. ඒ මාළිගා තුන තමයි රම්‍ය, සුරම්‍ය, සුභ. ඒ මාළිගා හැදුවේ ඍතු තුනට ගැලපෙන විදිහටයි. සීත ඍතුවට එක මාළිගාවක්, උෂ්ණ ඍතුවට එක මාළිගාවක්, වස්සාන ඍතුවට තව මාළිගාවක්. මේ ඍතු තුනට තමයි මාළිගා තුන හදලා තිබුණේ.

ඒ කාලයේ වයස දහසය වෙනකොට තමයි දඹදිව් තලයේ චාරිත්‍රානුකූලව විවාහයක් සිදුකිරීම කළ යුතුව තිබෙන්නේ. මේ තරුණ සිද්ධාර්ථ කුමාරයාට එකල ලෝකයේ සිටිය අභිරූපී යොවුන් තරුණිය වන යශෝදරා කුමරිය සරණ බන්ධනය කරලා දුන්නා. මේ දෙදෙනා බොහෝම සතුටින් තමන්ගේ ජීවිතය ගත කළා. බොහෝම ප්‍රීතියෙන් ගත කළා. සැනසිල්லේ ගත කළා. නමුත් සිද්ධාර්ථ කුමාරයා හැම තිස්සේම කල්පනා කළේ ජීවිතයේ ගැඹුරු විදිහටමයි.

අනේ! මාත් මේ මහල්ලාගේ තත්වයට පත්වෙනවාද...?

එක දවසක් සිද්ධාර්ථ කුමාරයා අශ්ව කරත්තේ නැගලා උද්‍යාන ක්‍රීඩාවට පිටත් වුණා. උද්‍යානයට යන අතරමඟදී වයසින් මෝරා ගිය මහ තැනැත්තෙක් දකින්න ලැබුණා. ඒ වෙනකොට ඒ වගේ දර්ශනයක් ලේසියෙන් දකින්න ලැබුණේ නැහැ. සුද්ධෝදන රජතුමා කල්පනා කළා, 'මාගේ පුත් කුමරා නම් සක්විති රජ පදවියටයි සුදුසු. ඒ නිසා මේ පුත් කුමරාට කළකිරෙන දේවල් නම් දකින්න තබන්නේ නෑ' කියලා. ඒ නිසා මහළු අය, ලෙඩ වෙච්ච අය, මිනී කර ගහගෙන යන අය වගේම ශ්‍රමණයන් වහන්සේලාටත් නගරයට ඇතුළු වෙන්න ඉඩ කඩක් තිබ්බේ නැහැ.

මේ මහළු අය කියන්නේ අපි දකින සාමාන්‍ය මහළු කෙනෙක් නෙවෙයි. මහළු බවේ කෙළවරටම පත් වුණ මහල්ලෙක්. ඒ කියන්නේ සම්පූර්ණයෙන් විකෘති වුණ මහල්ලෙක්. සම්පූර්ණයෙන්ම කුදු ගැහිලා, ඇස් පෙනීම සම්පූර්ණයෙන්ම දුර්වල වෙලා, කණ් ඇහෙන්නේ නැති, දත් නැති, මුළු ඇඟම රැළි වැටුණ, කෙස් පැහුණ, ඒ වගේ අසාමාන්‍ය විදියට කෘෂ වුණ එබඳු කෙනෙක් දකිනකොට ඕනෑම කෙනෙක් අහනවා තමයි "කවුද මේ?" කියලා. ඉතින් කුමාරයාත් ඇහුවා, "කවුද මේ?" කියලා. "කුමාරයාණනි, මේ තමයි වයසට ගිය අයගේ කෙළවර..." එතකොට කුමාරයා එකපාරටම ඇහුවා, "අපටත් මෙහෙම වෙනවද...?" කියලා. "ඔව්" කියලා කිව්වා. "එහෙමනම් මේ උද්‍යාන ක්‍රීඩාවෙන් වැඩක් නැහැ. අපි යමු" කිව්වා. ඉතින් මොකද වුණේ? ආපහු හැරිලා පිටත් වුණා.

මේ සිරුර මේ තරමටම ලෙඩ වෙනවද...?

ආයෙත් දවසක් කුමාරයා උද්‍යාන ක්‍රීඩාවට පිටත් වුණා. එදා දැක්කා බලවත් ලෙස රෝගී වුණ පුද්ගලයෙක්. මේ සාමාන්‍ය රෝගියෙක් නෙවෙයි කවුරුත් සාමාන්‍යයෙන් නම් ලෙඩ වෙනවා. නමුත් සමහරවිට ඔබත් දැකලා ඇති අසාමාන්‍ය රෝග පීඩාවලින් දුක් විඳින සමහර ලෙඩ්ඩුන්ව. ඒ වගේ අය දැක්කාම "අනේ මෙහෙමත් ලෙඩ වෙනවාද...? මේ වගේ ලෙඩත් හැදෙනවාද?" කියලා කම්පාවක් ඇති වෙනවා. අන්න එබඳු ආකාරයේ අසාමාන්‍ය රෝගී තත්වයකින් පෙළෙන විකෘති වුණ රූපයක් ඇති රෝගියෙක්ව තමයි කුමාරයාට දකින්න ලැබුණේ. "කවුද මෙයා...?" "කුමාරයාණනි, මේ රෝග පීඩාවලට පත් වුණ කෙනෙක්. එදත් කුමාරයා ආපහු හැරිලා මාළිගාවට ගියා. මාළිගාවට ගිහින් කල්පනා කරන්න පටන් ගත්තා, ඇත්තටම මේකද මේ ලෝකය කියන්නේ කියලා.

ලොකු කුඩා සැමට උරුමය... මරණය.

ආයෙමත් දවසක් උද්‍යාන ක්‍රීඩාවට යද්දී කුමාරයා දැක්කා මිනිස්සු කිහිප දෙනෙක් ඇඳක් වැනි දෙයක, යම්කිසි දෙයක් තබාගෙන, දෙපැත්තෙන් කර ගහගෙන යනවා. පිටි පස්සෙන් තවත් පිරිසක් වැළපි වැළපී යනවා. මේ සිද්ධිය දුර කුමාරයා ඇහුවා "මොකක්ද මේ?" කියලා. "මේ මළ මිනියක්... මෘත ශරීරයක්..." කුමාරයා අහනවා, "අපිත් මේ විදිහට මැරෙනවද?" කියලා. "ඔව්" කිව්වා. "එහෙනම් උද්‍යාන ක්‍රීඩාවෙන් වැඩක් නැහැ. අපි ආපහු යමු" කියලා එදත් ආපහු මාළිගාවට පිටත් වුණා.

කවුද මේ ශාන්ත ඉරියව්වෙන් යුතුව වඩින්නේ...?

ආයෙත් දවසක් කුමාරයා උද්‍යාන ක්‍රීඩාවට යනකොට කෙස් රැවුල් බාලා, සිවුරු පොරවගෙන, පාත්තරයකුත් අතට අරගෙන, ශාන්ත ගමනින් වඩින ප්‍රසන්න ඉරියව් ඇති පැවිදි රුවක් දැක්කා. "මේ කවුද...?" කියලා ඇහුවා. "මේ ශ්‍රමණයන් වහන්සේ නමක්." කුමාරයා බ්‍රාහ්මණයන් තවුසන් ඍෂිවරුන් දකලා තිබුණා. නමුත් ශ්‍රමණයන් වහන්සේලාව මීට පෙර දැක තිබුණේ නැහැ. "මෙයා මොකද මේ කරන්නේ...?" මේ අර කලින් කියාපු ජරාවට, ව්‍යාධියට, මරණයට විසඳුමක් හොයනවා. මේවායින් නිදහස් වෙලා එතෙර වෙන්න මාර්ගයක් හොයනවා." කිව්වා, "ආ..! බොහෝම හොඳයි... බොහෝම හොඳයි..." කියලා එදත් උයන් කෙලියට නොගිහින් ආපසු හැරිලා මාළිගාවට ආවා.

නුවණින් විමසද්දී තමයි ඇත්ත වැටහුණේ...

මාළිගාවට පැමිණිය කුමාරයාගේ හිත ඇතුළේ රැව් පිළිරැව් දෙන්න ගත්තේ මේ පෙර නිමිති හතරයි. නිරන්තරයෙන්ම කුමාරයාගේ මනසේ මේක හොල්මන් කරන්න පටන් ගත්තා. මාලිගාවේ සියලු දෙනා ගැනම කුමාරයා කල්පනා කළා. පියරජාණන්, සුළු මෑණියන්, යශෝදරා කුමරිය තමන්ගේ සුළු මවගේ කුසින් ඉපදුණ තමුන්ගේ සොහොයුරා සහ සොහොයුරිය වන නන්ද කුමාරයා සහ නන්දා කුමරිය ගැන. ඊළඟට කුමාරයා කල්පනා කළා තමුන්ට ඉන්න සේවක පිරිස් සියල්ලෝම ගැන. මේ සියලු පිරිස් ජරාවට පත්වෙනවා. මේ සියලුදෙනාම රෝග පීඩාවලට පත්වෙනවා. මේ සියලු දෙනාම මරණයට

පත්වෙනවා. මමත් ජරාවට පත්වෙන කෙනෙක්. මමත් රෝග පීඩාවලට පත්වෙන කෙනෙක්. මමත් මරණයට පත් වෙන කෙනෙක්. බලන්න උන්වහන්සේ හිතපු විදිහ...

මේවටද මෙතෙක් කල් බැඳුණේ...?

සිද්ධාර්ථ කුමාරයා හිතුවා "මම ජරාවට පත්වෙලා යන කෙනෙක් වෙලා ඉඳිමින්, රෝග පීඩාවලට පත්වෙලා යන කෙනෙක් වෙලා ඉඳිමින්, මරණයට පත්වෙලා යන කෙනෙක් වෙලා ඉඳිමින්, මේ ජරාමරණවලට පත්වෙලා යන දේවල්ම නේද හොයන්නේ? මේ ජරාවට මරණයට පත්වෙලා යන දේටම නේද බැඳෙන්නේ. මම ඒවායින්ම නේද මේ සංතෝෂයක් හොයන්නේ. මේකෙන් එතෙර වීමක් නැද්ද මට?" කියලා. අන්න කල්පනාව මතුවෙන්න පටන් ගත්තා.

ගිහිගෙය අත්හරින්න තීරණය කළා...

මේ දේවල් කුමාරයා යශෝදරාවට කියන්න කියන්න යශෝදරාව කැමති වුණාද? මාළිගාවේ හිටිය එක්කෙනෙක්වත් කැමති වුණාද? කවුරුවත් කැමති වුණේ නැහැ. මේ වගේ අදහස් කතා කරන වාරයක් වාරයක් පාසාම සුද්ධෝදන රජතුමා කළේ අඬපු එකයි. ප්‍රජාපතී ගෝතමී බිසව කළේ අඬපු එකයි. යශෝදරාව කළේ අඬපු එකයි. රාහුල කුමාරයා උපන් රැයේ සිද්ධාර්ථ කුමාරයා කල්පනා කළා "තව තවත් මම බැඳි බැඳී යනවා මිසක් මෙහෙම ගියොත් මේකෙන් මට එතෙර වෙන්න නම් ලැබෙන එකක් නැහැ. කාටවත් කිව්වා කියලා අවසර ගන්න හම්බ වෙන්නෙත් නැහැ. එහෙනම් දැන් මට කරන්න තියෙන්නේ එකම එක දෙයයි. ඒ තමයි විමුක්තිය සොයාගෙන මාළිගාවෙන් පිටවෙලා යන එක." සිද්ධාර්ථ

කුමාරයා යන්න තැනක් දැනගෙන හිටියේ නෑ. ඒත් සියලු සැප සැණින් අත්හැර දැමුවා.

ඇසළ පුන් පොහෝදා රාත්‍රියේ, ඡන්න ඇමැතිවත් ඇහැරවාගෙන කන්ථක අසු පිට නැඟී මාළිගාවෙන් පිටත් වුණා. එදා සිද්ධාර්ථ කුමාරයා යන්න තැනක් දැනගෙන හිටියෙත් නැහැ. අපට නම් යන්න තැන් තියෙනවා. අහන්න අය ඉන්නවා. කියවන්න දේවල් තියෙනවා. සාකච්ඡා කරන්න දේවල් තියෙනවා. ඒත් එදා ඒ වගේ කිසිම දෙයක් තිබුණේ නැහැ. ටිකක් හිතන්න... කරන්න කියලා කිසිම දෙයක් නෑ. ඒත් එළියට බැහැලා පිටත් වුණා. පිටත්වෙලා ගිහිල්ලා අනෝමා ගඟෙන් එතෙර වුණා. අනෝමා ගඟෙන් එතෙර වුණා කියන්නේ ගඟට බැහැලා, අශ්වයා ගඟ හරහා ඇවිදගෙන ගියා කියන එකයි. කොයිතරම් ධෛර්ය සම්පන්න සිතක් තියෙන්න ඕනද? බලන්න... තමන්වත් දන්නේ නැහැ ක්‍රමයක්. ඉන්න තැනක් නැහැ. යන්න තැනක් නැහැ. අහන්න කෙනෙක් නැහැ. මේකට විසඳුමක් ඕන බව තමන් දන්නවා, නමුත් විසඳුමක් කාගෙන් ගන්නද කියන්න දැනගෙන හිටියේ නැහැ.

කන්ථක අසුට වැඩි දුරක් යන්න ලැබුණේ නෑ...

ඊට පස්සේ මොකද කළේ ඡන්නවයි, අශ්වයාවයි ආපහු මාළිගාවට පිටත් කළා. ඒත් කන්ථක අශ්වයාට වැඩි දුරක් නම් යන්න ලැබුණේ නැහැ. සිද්ධාර්ථ කුමාරයා නොපෙනී යනවාත් එක්කම හදවත පැලිලා මරණයට පත් වුණා. මරණින් මත්තේ කන්ථක අශ්වයා දිව්‍ය කුමාරයෙක් වෙලා දෙව්ලොව උපත ලැබුවා. ශෝකය නිසා කන්ථක අසුට අත්වුණේ ඒ වගේ ඉරණමක් නම්, සිද්ධාර්ථ කුමාරයා

මාළිගාවේ හිටපු යශෝදරාවට එහෙම යන්න කලින් කියලා ආවා නම් කොහොම වෙයිද?

ගමන පටන් ගත්තේ දැනුයි...

ඉතින් බොහෝ දුර ගමනක් යන්නයි මේ ලැස්ති වුණේ. ඊට පස්සේ තමන් වහන්සේ තනියම තමන්ගේ කෙස් රැවුල් බාගත්තා. පාංශුකූල වස්ත්‍ර සොයාගෙන සිවුරක් හරි ගස්සගෙන ඒක පොරොව ගත්තා. උන්වහන්සේට හොඳට මතක තිබුණා, උයන් කෙළියට යද්දී දැකපු ශ්‍රමණ රූපය ඒ විදිහටම මැටි පාත්‍රයකුත් හදාගෙන අතට ගත්තා. කපිල වස්තුවේ ඉඳලා රජගහ නුවරට බොහෝම දුරයි. ඒත් උන්වහන්සේ මහ වනාන්තරය මැද්දෙන් පයින්ම වැඩියා. සිද්ධාර්ථ ගෞතම ශ්‍රමණයන් වහන්සේ රජගහනුවර පිහිටි 'පාණ්ඩව' කියන පර්වතය පැත්තට තමයි වැඩම කරමින් සිටියේ. උන්වහන්සේ යන අතරමඟදී රජගහ නුවර පිඬුසිඟා වැඩියා.

කවුද මේ... දෙවියෙක්ද...? ගාන්ධර්වයෙක්ද...?

අසාමාන්‍ය පැවිද්දෙක්, අසාමාන්‍ය රූපයක්. එක පාරටම රම්‍ය, සුරම්‍ය, සුභ කියන මාළිගා තුනේ සැපසේ හැදුණ කුමාරයෙක්. රන්වන් පාටින් යුතුව ශරීරයක් තියෙන කුමාරයෙක්, අභිනීල නෙත් තියෙන කුමාරයෙක්, ගෝපකෝම නෙත් තියෙන කුමාරයෙක්, ජාල හත්ථපාද තියෙන කුමාරයෙක්, සුප්පතිට්ඨිත පාද තියෙන කුමාරයෙක්, ශ්‍රමණ රූපයක් බවට පත්වෙලා මෙන්න පිඬුසිඟා වඩිනවා. මිනිසුන් සියලුදෙනාම පුදුමයෙන් බලාගෙන ඉන්නවා. හැබැවටම මේ දෙවියෙක්වත්ද? බඹයෙක්වත්ද? ගාන්ධර්වයෙක්වත්ද? එහෙමත් නැත්නම් වෙන ඉර්ධිමත් කෙනෙක් වත්ද? කියලා. මේ සිද්ධිය වුණේ

බිම්බිසාර රජතුමා රජබවට පත්වුණ මුල් කාලයේමයි. මේ සිද්ධිය දැකපු මිනිස්සු බිම්බිසාර රජතුමාට දැනුම් දුන්නා. "රජතුමනි, අසාමාන්‍ය පැවිද්දෙක්... අභිරූපී පැවිද්දෙක් පැමිණිලා සිටිනවා..." රජතුමා සේවකයන් පිටත් කරලා 'මේ පැවිද්දා යන්නේ කොහේද?' කියලා බලන්න කිව්වා. ඊට පස්සේ සේවකයෝ උන්වහන්සේගේ පිටුපසින් පාණ්ඩව පර්වතය ළඟටම ගිහින් බලාගෙන හිටියා.

එදා උන්වහන්සේට රජගහනුවරින් හම්බ වුණේ පිළුණු වුණ පිට්ටුවක් විතරයි. ඒ ලැබුණ පළමු දානයෙන්ම සෑහීමට පත්වෙලා, උන්වහන්සේ පාත්‍රයත් අරගෙන හිමිහිට පාණ්ඩව පර්වතය අසලට වැඩියා. උන්වහන්සේ නැවත වරක් පිඬුසිඟා ගියේ නෑ. වළඳන්න ලෑස්ති වෙනකොට... රාජ බොජුන්, රන් මිරිවැඩිපයේ ලාගෙන හිටපු කුමාරයා එවෙලේම හිත දමනය කළා. එවෙලේම එයට නොඇළුණු සිතින්, සිහිනුවණින් යුතුව වැළඳුවා. උන්වහන්සේ වැළඳුවේ පිළුණු වුණ පිට්ටුවක්. උන්වහන්සේට තිබුණා 'රසග්ග සග්ගී' කියන මහා පුරිස ලක්ෂණය. ඒ නිසා උන්වහන්සේට බඩේ අමාරුවක්වත් හැදුණේ නැහැ.

රාජ්‍යයෙන් බාගයක්ම දෙන්නම්...

සිද්ධාර්ථ ගෞතම ශ්‍රමණයන් වහන්සේ විවේකයෙන් වැඩ ඉන්නකොට අර රාජ පුරුෂයෝ ටික ආපහු මාළිගයට ගියා. මාළිගාවට ගිහිල්ලා රජ්ජුරුවන්ට දැනුම් දුන්නා, "රජතුමනි, මෙන්න පාණ්ඩව පර්වත ප්‍රාන්තයේ මේ විශ්මිත රූ ඇති, අභිරූපී ශ්‍රමණයන් වහන්සේ නමක් වැඩ ඉන්නවා." බිම්බිසාර රජතුමා හනි හනිකට ගිහිල්ලා, උන්වහන්සේ සමඟ කතා බස් කළා. "ඔබතුමා කවුද...?" උන්වහන්සේ කිව්වා, "කපිලවස්තු පුරය මගේ රාජධානියයි.

මම සුද්ධෝදන රජතුමාගේ පුතණුවන්. මම මේ විමුක්තියක්
සොයාගෙන යනවා." ඊළඟට බිම්බිසාර රජතුමා මෙහෙම
කිව්වා, "ඔබතුමා කැමති නම් මම මේ රාජ්‍යයෙන් බාගයක්
වුණත් දෙන්නම්." කියලා. උන්වහන්සේ "මට එහෙම එකක්
වුවමනා නෑ. මම විමුක්තියක් සොයාගෙන යනවා..."
කියලා කිව්වා. බිම්බිසාර රජතුමා කියා හිටියා "අනේ
ස්වාමීනි, ඔබවහන්සේට ඔබවහන්සේ හොයන ඔය ධර්මය
ලැබුණොත් ආයෙමත් මෙහෙට වඩින්න. වැඩලා අපටත්
ඒ වටිනා ධර්මය කියා දෙන්න..."

ගුරුවරුන් සොයා යයි...

උන්වහන්සේට හම්බ වුණා 'ආලාරකාලාම,
උද්දකරාමපුත්ත' කියලා ආචාර්යවරු දෙන්නෙක්.
ඒ දෙන්නාගෙන් ආලාරකාලාම ආචාර්යවරයා
ආකිඤ්චඤ්ඤායතන සමාධිය දක්වා සිත දියුණු කරන
හැටි කියලා දුන්නා. උද්දකරාමපුත්ත ආචාර්යවරයා
නේවසඤ්ඤානාසඤ්ඤායතන සමාධිය දක්වා සිත දියුණු
කරන හැටි කියා දුන්නා. බොහෝම සුළු කාලයකින්
උන්වහන්සේ ඒ සමාධිය දියුණු කර ගත්තා. නමුත්
උන්වහන්සේට තේරෙන්න පටන් ගත්තා, 'මේ මම හොයන
විමුක්තිය නෙවෙයි.' කියලා. ඊට පස්සේ උන්වහන්සේ
ඒ ඉගැන්විලි අත්හැරලා දැමුවා. ඒ ආචාර්යවරුන්වත්
අත්හැරලා දැමුවා. අත්හැර දාලා දිගින් දිගටම ඇවිද ගෙන
ගියා. මෙහෙම ඇවිදගෙන යනකොට උන්වහන්සේට මුණ
ගැහුණා, උරුවෙල් ජනපදයේ 'සේනානි' කියන නියම්ගම
අසබඩ තියෙන කඳු ගැටයක්. උන්වහන්සේ කල්පනා කළා,
'මෙතැන නම් බොහෝම හොඳයි පැවිද්දෙකුට.' එහෙම
හිතලා උන්වහන්සේ ඒ නේරංජරා ගං තීරයේ තපස්
රකින්න පටන් ගත්තා.

පස්වග භික්ෂූන්...

මේ අතරේ උන්වහන්සේට මුණ ගැසුණා තවත් ශ්‍රමණයන් වහන්සේලා පස් දෙනෙක්. ඒ තමයි කොණ්ඩඤ්ඤ, වප්ප, භද්දිය, මහානාම, අස්සජි කියන ශ්‍රමණයන් වහන්සේලා. ඒ පස්දෙනා මහණ වුණේ අනාගතේ පහළ වන්නා වූ බුදුරජාණන් වහන්සේ නමකගෙන් බණ අසන්නෙමුයි කියන අදහසින්. ඒ අය දැනගෙන හිටියා, 'ඒ බුදුරජාණන් වහන්සේ බවට පත් වෙන්නේ මේ සිද්ධාර්ථ ගෞතමයන් වහන්සේමයි...' කියලා. ඒ බුදුරජාණන් වහන්සේ බවට පත් වෙන්නේ උන්වහන්සේමයි කියලා දැනගෙන, උන්වහන්සේට දිවා රෑ නොබලා උපස්ථාන කරන්න පටන් ගත්තා.

අත්තකිලමථානුයෝගය...

අන්තිමේදී උන්වහන්සේ කල්පනා කළා දැන් ඔක්කොම අත්හැරලා, එක් පැත්තයි දිගටම යන්න තියෙන්නේ ගිහි ජීවිතය ගත කරද්දී තිබුණා එක් අන්තයක්. ඒ තමයි කාමසුඛල්ලිකානු යෝගී අන්තය. කාම සුඛයේ ඇලී ගැලී වාසය කිරීම. ඒ අන්තය දැන් අත්හැරලා ඉවරයි. පැවිදි ජීවිතයට පත් වුණාට පස්සේ උන්වහන්සේ වැටුණේ ඊළඟ අන්තයට. ඒ තමයි අත්තකිලමථානුයෝගී අන්තය. උන්වහන්සේ ඒක පුරුදු කරන්න පටන් ගත්තා. ශරීරයට දුක් දෙන්න පටන් ගත්තා. කටු සයනයන්හි සයනය කළා. සමහර දිනවලදී උන්වහන්සේ ඉහළට හුස්ම අරගෙන පිට නොකර ඉන්නවා. ඒකට කියන්නේ 'අප්‍රාණක ධ්‍යානය' කියලයි. අප්‍රාණක ධ්‍යානය කියලා කියන්නේ ප්‍රාණය නැතිවෙන පාරමටම වේදනාකාරී සමාධියක් කියන එකයි. එබඳු ආකාරයට පීඩාවට පත්වෙන කොට පවා

උන්වහන්සේ සම්පූර්ණයෙන්ම තමන් වහන්සේගේ හිත දමනය කරගත්තා. ආහාර පාන සම්පූර්ණයෙන්ම අඩු කළා. අඩු කරලා ආහාර නොගෙන ඉන්නම තීරණය කළා. මේ වෙලාවේ දෙවිවරු ඇවිල්ලා කියා හිටියා " සිද්ධාර්ථ ගෞතමයන් වහන්ස, ආහාර නොගෙන ඉන්න එපා. ඔබ වහන්සේ ආහාර නොගෙන හිටියොත් අපි ඔබවහන්සේගේ මේ රෝම කූපවලින් දිව්‍ය ඔජස් ඇතුල් කරනවා." එතකොට සිද්ධාර්ථ ගෞතමයන් වහන්සේ කල්පනා කළා "මේ දෙවියෝ ටික එකතු වෙලා එහෙම කළොත් මම ආහාර නොගෙන ඉන්න කාරණය මුසාවක් බවට පත්වෙනවා. ඒ නිසා මම මුං ඇටයක් විතරක් වළඳන්න පටන් ගන්නවා."

මහා පුරිෂ ලක්ෂණ පවා අකාලයේ සැඟව ගියා...

මේ ආකාරයට ටිකෙන් ටික ශරීරය කෘශ වෙලා, කෘශ වෙලා යද්දී, අර මහා පුරුෂ ලක්ෂණ ටිකෙන් ටික නොපෙනී ගියා. අර ලස්සන නෙත් සඟලට මොකද වුණේ? ගැඹුරු ළිඳක පතුලේ තිබෙන වතුර ස්වල්පයකින් පෙනෙන තරු එළියක් වගේ උන්වහන්සේගේ ඇස් දෙක යටටම ගිලී ගියා. උන්වහන්සේගේ සිරුර පිරි මදිද්දී උඩු අතට හැරුන ලොම් ගැළවි ගැළවී වැටුණා. උන්වහන්සේගේ කුස පිරිමදිද්දී උන්වහන්සේගේ අතට පිට කොන්දේ ඇට ටික අහුවුණා. උන්වහන්සේගේ හිස වියළි ගිය ලබු ගෙඩියක් වගේ රැළි ගැහුණා. උන්වහන්සේ වාඩිවෙන කොට උන්වහන්සේගේ උකු ඇට දෙක කොටියෙකුගේ ඇට වගේ පොළොවේ වැදෙන්න ගත්තා. ඒ තරමටම දුබල වුණු උන්වහන්සේ අන්තිමේ සිහිසුන්ව ඇද වැටුණා.

ඒ අන්තයත් අත්හැරියා...

උන්වහන්සේ තනියම කල්පනා කළා "මේ ලෝකයේ යමෙක් යම් දුෂ්කර ප්‍රතිපදාවකින් යමක් කළ යුතු නම්, ඒ සියල්ල මා විසින් කරනු ලැබුවා. මේ විදිහට නම් විමුක්තියක් සොයාගන්න බෑ. ඊළඟට උන්වහන්සේට මතක් වුණා උන්වහන්සේ කුඩා අවදියේදී කරපු භාවනාවක්. උන්වහන්සේ කුඩා අවදියේ දී වප් මඟුල් දවසක දඹ රුක් සෙවණේදී භාවනාවක් කළා. ඒ තමයි ආනාපානසති භාවනාව. උන්වහන්සේ ආනාපානසති භාවනාව කරන්න පටන් ගත්තා. ඒත් උන්වහන්සේට භාවනා කරගන්න බැහැ. ශරීරය දුර්වලයි. එහෙම නම් 'මේ ශරීරය යැපෙන ප්‍රමාණයට මම ආහාර ගත යුතුයි' කියලා උන්වහන්සේ කල්පනා කළා. ඉන් අනතුරුව උන්වහන්සේ අත්තකිලමථානුයෝගයෙන් නිදහස් වුණා.

ආ... ගෞතමයන්ට වැරදුණා... අපි හිටියට පළක් නෑ...

උන්වහන්සේ හෙමිහිට පාත්‍රයත් අරගෙන සේනානි ගම්මානයට පිඬුසිඟා වැඩියා. පිඬුසිඟා වඩිද්දී පස්වග මහණුන් බලන් ඉඳලා කියන්න පටන් ගත්තා, "වැරදුණා... වැරදුණා... ශ්‍රමණ ගෞතමයන් වහන්සේට වැරදුණා. ඒකායන මාර්ගය අත්තකිලමථානුයෝගයයි. උන්වහන්සේට ඒක වැරදුණා. දැන් ඉතින් අපට මෙතුමන් ළඟ ඉඳලා පළක් නෑ. දැන් ඉතින් අපි මෙතුමාව අතහැරලා යමු." එහෙම කියලා අන්තිමේ දී ඔවුන් උන්වහන්සේව අත්හැරලා ගියා. පින්වතුනි, ඒවා ඔක්කෝම සිදුවෙලා තියෙන්නේ සිදුවිය යුතු ආකාරයටමයි. ඔන්න උන්වහන්සේ හුදෙකලා වුණා. කාය විවේකය සම්පූර්ණයෙන් ලැබුණා. දැන් ඉතින් බණ

භාවනා කරන්න පටන් ගත්තා. ටික ටික හරි ගියා. ටික ටික කය නිරෝගී වුණා.

වෙසක් පුන් පෝ දිනයත් ටිකෙන් ටික පැමිණුනා...

මේ අතරේ වෙසක් පුන් පොහෝ දවසත් පැමිණුනා. සේනානි ගම්මානයේ සුජාතා සිටු දියණිය පූජා කළ කිරි පිඬු වළඳපු උන්වහන්සේ ඒ ගඟෙන් එතෙර වෙලා මෙහා පැත්තට වැඩම කළා. මෙහෙම වැඩම කරද්දී කුස තණ මිටි අරගෙන යන 'සොත්ථිය' බමුණාට උන්වහන්සේව දැක ගන්න ලැබුණා. "ආ ... ශ්‍රමණයන් වහන්ස, ඔබවහන්සේට නම් මේ කුස තණ බොහෝම හොඳයි." මෙහෙම කියලා සොත්ථිය බමුණා උන්වහන්සේට කුස තණ මිටි අටක් පූජා කළා. සිද්ධාර්ථ ගෞතමයන් වහන්සේත් භාවනා කරන්න ආසනයක් හරිගස්ස ගන්න කියලා, මේ කුස තණ මිටි අටත් අරගෙන නේරංජරා ගඟෙන් එහා පැත්තට ගිහිල්ලා වට පිට හාත්පස විමසා බැලුවා. මෙහෙම බලද්දී සුවිසල් ලෙස අතුපතර විහිදී ගිය ඇසතු රැකක් උන්වහන්සේට දැක ගන්න ලැබුණා. "මෙතැන නම් මට භාවනා කරන්න හොඳයි" කියලා උන්වහන්සේ නේරංජරා ගඟ පැත්තට මුහුණලා ඒ ගස් සෙවෙණේ අර කුස තණ ටික ඇතිරුවා. ඒ කුස තණ උඩින් දෙපට සිවුර දැම්මා. පර්යංකය බැඳගෙන වාඩිවුණා.

බුදු බව ලබා මිස, මා මින් නොනැඟිටින්නෙමි...

පරියංකය මත වාඩිවුණ උන්වහන්සේ අධිෂ්ඨාන කරගත්තා "ඒකාන්තයෙන්ම මේ ශරීරයේ මස් ලේ වියළේවා... සම් නහර ඇට ඉතිරි වෙතොත් ඉතිරි වේවා... යම් පුරුෂ වීරියකින්, පුරුෂ පරාක්‍රමයකින්, යම් නිවනක්

අවබෝධ කළ යුතුද, එය අවබෝධ කරනා තුරු මම මෙය අත්හරින්නේ නෑ..." කියලා. බෝසතාණන් වහන්සේ සංසාරයේ කී වතාවක් නම් ඔය විදිහට කරලා නිකම්ම මැරිලා පරලොව යන්න ඇද්ද? යන්තම් මේ ජීවිතයේ නම් ලෝකයාගේ වාසනාවට ඒක සිදුවුණේ නැහැ. මොකද උන්වහන්සේට විශේෂ පුණ්‍ය විපාකයක් තියෙනවා කාටවත් කිසිම විදිහකින් උන්වහන්සේගේ ජීවිතයට අන්තරායක් කරන්න බෑ. උන්වහන්සේ දීර්ඝායුෂ ලබනවා.

දස මර සේනාවන්ගේ ඔද තෙද බිඳ දමුවා...

එදා සිද්ධාර්ථ බෝසතාණන් වහන්සේ ඇසතු රුක මුල බැඳගත් පළඟ මත සිට ආනාපානසති භාවනාව කරන්න පටන් ගත්තා. මෙන්න මේ වෙලාවේ 'ගිරිමේඛලා' කියන ඇතු පිටට නැගුණ පවිටු මාරයා, මාර සේනාවත් සමඟ උන්වහන්සේ ළඟට ඇවිත් උන්වහන්සේ වට කරගන්න පටන් ගත්තා. පහර පිට පහර දෙන්න පටන් ගත්තා. ගර්ජනා කරන්න පටන් ගත්තා. හිංසනක දේවල් කරන්න පටන් ගත්තා. බිය තැති ගැනීම් කරන්න පටන් ගත්තා. "ඔය ආසනය නුඹට අයිති නෑ... නැගිටලා වහා පිටත් වෙනු..." කියලා තර්ජනය කළා. සිද්ධාර්ථ ගෞතම බෝසතාණන් වහන්සේ පිරූ පූර්ව පාරමී ගුණබල සහිතව වැඩ හිඳිමින්, මාර සේනාව මර්ධනය කර ගනිමින් ආනාපානසති භාවනාව දියුණු කරන්න පටන් ගත්තා.

පෙර විසූ ජීවිත පෙනෙන්න ගත්තා...

පළමුවෙනි ධ්‍යානය, දෙවැනි ධ්‍යානය, තුන්වෙනි ධ්‍යානය, හතරවෙනි ධ්‍යානය දක්වාම සිත දියුණු වුණා. ඊට පස්සේ උන්වහන්සේ බැලුවා, තමන්වහන්සේ පැමිණි ගමන් මාර්ගය. මේ විදිහට ආපස්සට බලද්දී

උන්වහන්සේ දැක්කා කල්ප ගණනාවක් පැමිණි දීර්ඝ ගමනක් තමන් වහන්සේට තියෙනවා කියලා. බොහෝ දුර සිට පැමිණෙන ගමනක්. කල්ප කාලාන්තරයක් මුළුල්ලේ ඉපදි ඉපදී මැරි මැරී එනවා. මේ ආකාරයට උන්වහන්සේට පුබ්බේනිවාසානුස්සති ඤාණය පහළ වුණා.

උපදින මැරෙන ජීවිතත් දැකගන්න ලැබුණා...

ඊළඟට උන්වහන්සේ මධ්‍යම යාමයේ මේ ලෝකයේ අනෙක් සතුන්ටත් මේ වගේම ස්වභාවයක් පවතිනවාද කියලා හොයල බැලුවා. දෙවියන්, බඹුන්, මිනිසුන්, අසුරයන් ප්‍රේතයන් ආදී සෑම ලෝක සත්වයෙක් දිහාම බලද්දී කර්මානුරූපවමයි සත්වයන් චුත වන්නේත්, කර්මානුරූපවමයි සත්වයන් උපදින්නේත්. ඒ වගේම සැප සහගත කර්මයන් කරලා චුතවෙලා ඉපදිලා සැප විඳිනවා. දුක් සහගත කර්මයන් කරලා චුතවෙලා දුක්ඛිත උපත් ලබාගෙන දුක් විඳිනවා. සැපදුක් සහගත කර්ම කරලා චුත වෙලා සැප දුක් විපාක විඳිනවා. මේ කර්ම චක්‍රය කරත්ත රෝදය කඩ ඇණයෙන් හිරවෙලා තියෙනවා වගේ මේ සත්වයාත් 'කර්මය' නමැති කඩ ඇණයෙන් හිරවෙලා තියෙනවා. මේ විදිහට උන්වහන්සේ චුතූපපාත ඤාණයත් ලබාගත්තා.

මුළු මහත් දුක් රැසම ඇති වුණේ මෙහෙමයි...

උන්වහන්සේ කෙමෙන් කෙමෙන් විමසන්න පටන් ගත්තා. උන්වහන්සේට අවබෝධ වුණා. මේ ජරා මරණවලට හේතුව ඉපදීමයි. මේ ඉපදීමට හේතුව භවයයි. භවයට හේතුව උපාදානයයි. උපාදානයට හේතුව තණ්හාවයි. තණ්හාවට හේතුව විඳීමයි. විඳීමට හේතුව ස්පර්ශයක් තිබීමයි. ස්පර්ශයට හේතුව ආයතන හයක්

තිබීමයි. ආයතන හය හටගන්නා හේතුව නාමරූප තිබීමයි. නාමරූප හටගන්නා හේතුව විඤ්ඤාණයක් තිබීමයි. විඤ්ඤාණය තිබෙන්න හේතුව සංස්කාර තිබීමයි. සංස්කාර පවතින්න හේතුව අවිද්‍යාව නම් වූ චතුරාර්ය සත්‍යය පිළිබඳ අනවබෝධයි.

මුළු මහත් දුක් රැසම නිරුද්ධ වන්නේ මෙහෙමයි...

උන්වහන්සේට පැහැදිලි වෙන්න පටන් ගත්තා, ජරා මරණ නිරුද්ධ වෙනවා ඉපදීම නැත්නම්. ඉපදීම නිරුද්ධ වෙනවා භවයක් නැත්නම්. භවය නිරුද්ධ වෙනවා උපාදාන නැත්නම්. උපාදාන නිරුද්ධ වෙනවා තණ්හාව නැත්නම්. තණ්හාව නිරුද්ධ වෙනවා විඳීම නැත්නම්. විඳීම නිරුද්ධ වෙනවා ස්පර්ශය නැත්නම්. ස්පර්ශය නිරුද්ධ වෙනවා ආයතන හය නැත්නම්. ආයතන හය නිරුද්ධ වෙනවා නාමරූප නැත්නම්. නාමරූප නිරුද්ධ වෙනවා විඤ්ඤාණය නැත්නම්. විඤ්ඤාණය නිරුද්ධ වෙනවා සංස්කාර නැත්නම්. සංස්කාර නිරුද්ධ වෙනවා අවිද්‍යාව ඉතිරි නැතිවම නිරුද්ධ වීමෙන්.

කෙලෙසුන් නසා සම්බුදු කිරුළින් අභිෂේක ලැබුවා...

උන්වහන්සේට චතුරාර්ය සත්‍ය ධර්මය අවබෝධ වෙන්න පටන් ගත්තා. පරිපූර්ණ වශයෙන් අවබෝධ වෙලා, හිමිදිරි උදෑසන වෙනකොට කාමාශ්‍රව, භවාශ්‍රව, අවිජ්ජාශ්‍රව ආදී සියලු ආශ්‍රවයන් ප්‍රහාණය කරලා සියලු උපාදන, සියලු තෘෂ්ණා ප්‍රහාණය කරලා, සියලු සංයෝජන ප්‍රහාණය කරලා, සියලු කර්ම ක්ෂය කරලා ආසවක්ඛය ඥාණය ලබාගෙන මේ මහා භද්‍ර කල්පයේ පහළ වී වදාළ

හතර වෙනි බුදුරජාණන් වහන්සේ බවට සිද්ධාර්ථ ගෞතම බෝසතාණන් වහන්සේ පත්වුණා.

දම්සක කරකැවෙයි...

ලොව්තුරා බුද්ධ රාජ්‍යයේ ඔටුනු පැළැන්දායින් පසු බුදුරජාණන් වහන්සේ මහා කාරුණාවෙන් ධර්මය දේශනා කරන්න පටන් ගත්තා. උන්වහන්සේ පළමුවෙනි ධර්ම දේශනාව පැවැත්වූයේ බරණැස ඉසිපතන මිගදායේදී පස්වග ශ්‍රමණයන් වහන්සේලාටයි. පස්වග භික්ෂූන් වහන්සේලා ඒ ධර්මය ශ්‍රවණය කළා. ඔවුන් අතරින් පළමුවෙන්ම කොණ්ඩඤ්ඤ ස්වාමීන් වහන්සේ සෝවාන් ඵලයට පත්වුණා.

බුදුරජාණන් වහන්සේ පිරිසට ධර්මය දේශනා කරද්දී ඔවුන් අතුරින් තුන් දෙනෙක් පිණ්ඩපාතයේ වැඩම කරනවා. ඒ තුන් නම ගෙනෙන පිණ්ඩපාතයෙන් තමයි හය නමම යැපුණේ. මේ විදිහට උන්වහන්සේ සතියක් මුළුල්ලේ දහම් දේශනා කළා. බණ භාවනා දියුණු කළා. හත් වැනි දින ඒ පස්වග භික්ෂූන් වහන්සේලා රැස් කරලා පංච උපාදානස්කන්ධය අනාත්මයි කියන කරුණ පැහැදිලි කරන දේශනාවක් වදාළා. ඒ බුදුරජාණන් වහන්සේගේ දෙවෙනි දේශනාව වන ආනාත්ම ලක්ඛණ සූත්‍ර දේශනාවයි. උන්වහන්සේගේ පළමු දේශනාව ධම්මචක්කප්පවත්වන සූත්‍රයයි. ඒ අනාත්ම ලක්ඛන සූත්‍ර දේශනාවෙන් ලෝකයට රහතන් වහන්සේලා පස් නමක් බිහිවුණා.

දහම් පද කණ නොවැටුණොත් පිරිහී යන අය ඉන්නවා...

ඉන් පසු ටිකෙන් ටික රහතන් වහන්සේලා

බිහිවෙලා ඉතා සුළු කලකදී රහතන් වහන්සේලා හැට නමක් උන්වහන්සේ වටා බිහිවුණා. බුදුරජාණන් වහන්සේ සමඟ රහතන් වහන්සේලා හැට එක් නමයි. ඉන් අනතුරුව බුදුරජාණන් වහන්සේ කියා හිටියා "පින්වත් මහණෙනි, දෙව් මිනිසුන්ට යහපත හිත සුව පිණිස සැරිසරා වඩින්න. (**චරථ භික්ඛවේ චාරිකං බහුජන හිතාය, බහුජන සුඛාය, අත්තාය හිතාය සුඛාය දේවමනුස්සානං**) පින්වත් මහණෙනි, මුල, මැද, අග පිරිසිදු වූ, පැහැදිලි අර්ථ සහිත වූ, සම්පූර්ණයෙන්ම සුපිරිසිදු වූ, නිවන් මඟ කියාගෙන යන්න. (**දේසේථ භික්ඛවේ ධම්මං ආදිකල්‍යාණං මජ්ඣේ කල්‍යාණං පරියෝසාන කල්‍යාණං. සාත්ථං සබ්‍යංජනං කේවල පරිපුණ්ණං පරිසුද්ධං බ්‍රහ්මචරියං**) පින්වත් මහණෙනි, කෙලෙස් අඩු අය ලෝකයේ ඉන්නවා. (**සන්ති භික්ඛවේ අප්ප රජක්ඛ ජාතිකා**) මේ ධර්මය ශ්‍රවණය කරන්න බැරි වුණොත් පිරිහී යනවා. (**අස්සවණතෝ ධම්මස්ස පරිහායන්ති**) මේ ධර්මය කියාගෙන යනකොට අවබෝධ කරගන්න අය පහළ වෙනවා. (**භවිස්සන්ති ධම්මස්ස අඤ්ඤාතාරෝ**)"

උන්වහන්සේ දහම් දෙසමින් සැරිසරා වැඩියා...

එතැන් පටන් බුදුරජාණන් වහන්සේ මහා කරුණාවෙන් ඒ දඹදිව් තලය සිසාරා සිරිපතුල් රිදෙනා තුරු පා ගමනින් වැඩම කළා. නොයෙක් ආකාරයේ ලාභ, සත්කාර, කීර්ති, ප්‍රශංසා වගේම නින්දා, අපහාස ආදී අෂ්ට ලෝක ධර්මයන් ඉදිරියේ මහා ශෛලමය පර්වතයක් නොසැලී සිටිනවා වගේ මේ ලෝක සත්වයා උදෙසා දහම් වැසි වස්සවමින් නොසැලී වැඩසිටියා.

වජ්ජීන්ව ආක්‍රමණය කිරීමට කුමන්ත්‍රණයක්...

බුදුරජාණන් වහන්සේ එදා වැඩසිටියේ රජගහ නුවර ගිජ්ජකූට පර්වතයේ. එදා අජාසත් රජතුමා 'සුනීධ වස්සකාර' කියන අමාත්‍යවරුන්ට කථා කළා. කථා කරලා වස්සකාර කියන අමාත්‍යවරයාට මේ විදිහට පැවසුවා, "වස්සකාර බ්‍රාහ්මණය, ඔබ දැන් බුදුරජාණන් වහන්සේව බැහැදකින්න යන්න ඕන. ගිහින් මගේ වචනයෙන් බුදුරජාණන් වහන්සේගේ සිරිපා වඳින්න ඕන. උන්වහන්සේගේ නිරෝගී බවත් සුව පහසු බවත් විමසන්න ඕන. ඉන් පසු උන්වහන්සේට මෙන්න මේ කරුණ පවසන්න. 'ස්වාමිනී, භාග්‍යවතුන් වහන්ස, මගධේශ්වර අජාසත්ත රජතුමා භාග්‍යවතුන් වහන්සේගේ සිරි පතුල් නමඳිනවා. නිදුක් නීරෝගී බව විමසනවා.' ඒ වගේම ස්වාමිනී, ඒ මගධේශ්වර අජාසත්ත රජතුමා මෙහෙම කිව්වා. මේ සා මහා ඉර්ධිමත් වූ වජ්ජීන් ආක්‍රමණය කරන්න කල්පනා කරන බවත්, වජ්ජීන් යටත් කරන්න කල්පනා කරන බවත් භාග්‍යවතුන් වහන්සේට පවසන්න. ඉතින් සුගතයන් වහන්සේ යමක් පවසනවාද, ඒ දේ ඔබ හොඳින් මතක තබාගෙන ඇවිත් මට කියන්න.

ඊට පස්සේ ඒ වස්සකාර මහා අමාත්‍යතුමා බුදුරජාණන් වහන්සේව බැහැදකින්න ගියා. ගිහින් බුදුරජාණන් වහන්සේට වන්දනා කරලා මේ විදිහට පැවසුවා. "ස්වාමිනී, භාග්‍යවතුන් වහන්ස, අජාසත්ත රජතුමාගේ වන්දනාවයි මේ වඳින්නේ. අජාසත්ත රජතුමා බුදුරජාණන් වහන්සේගේ නිරෝගීකම පහසු විහරණය විමසනවා. ඒ වගේම ස්වාමිනී අජාසත්ත රජතුමා මේ විදිහටත් පැවසුවා. මේ සා මහා ඉර්ධිමත් වූ වජ්ජීන්ව පරදවලා වජ්ජී දේශය ආක්‍රමණය කරනවා කියලා.

නිතර නිතර රැස්වෙන්න ඕන...

පින්වතුනි, මේ මොහොතේ ආනන්ද ස්වාමීන් වහන්සේ බුදුරජාණන් වහන්සේගේ පිටුපසින් වැඩසිටිමින් උන්වහන්සේට පවන් සලමිනුයි සිටියේ. බුදුරජාණන් වහන්සේ ආනන්ද ස්වාමීන් වහන්සේගෙන් මෙහෙම විමසුවා. "පින්වත් ආනන්ද, ඔබ අහලා තියෙනවාද මේ වජ්ජීන් නිතර නිතර රැස්වෙනවා..." කියලා. "එහෙමයි ස්වාමීනී, මම අහලා තියෙනවා වජ්ජීන් නිතර නිතර රැස් වෙනවා..." කියලා. "පින්වත් ආනන්ද, නිතර නිතර රැස් වෙනවා කියන කරුණ අපරිහානීය ධර්මයක්. වජ්ජීන් මේ අපරිහානිය ධර්මය ආරක්ෂා කරන තුරු දියුණුවක් මිසක් පිරිහීමක් ඇතිවන්නේ නැහැ."

සමගිව කටයුතු කරන්න ඕන...

"ආනන්දය, ඔබ අහල තියෙනවාද මේ වජ්ජීන් සමඟිව රැස් වෙලා, සමඟිව සාකච්ඡා කරලා, සමඟිව ධාර්මිකව තම තමන් ගේ කටයුතු කර ගන්නවා කියලා." "ස්වාමිනී, මම අහලා තියෙනවා වජ්ජීන් සමගිව රැස් වෙනවා. සමඟිව සාකච්ඡා කරනවා. සමඟිව විසිර යනවා..." කියලා. "ආනන්දය, ඔවුන් සමඟිව රැස්වන තුරු සමඟිව සාකච්ඡා කරන තුරු සමඟිව විසිර යන තුරු ඔවුන්ගේ අභිවෘද්ධියක් මිසක් පිරිහීමක් නම් සිදුවන්නේ නෑ."

අලුතෙන් නීති හදාගන්නේ නෑ...

ඊට පස්සේ බුදුරජාණන් වහන්සේ අහනවා, "ආනන්දය, ඔබ අහල තියෙනවාද වජ්ජීන් නොපැණවුණු දේ පණවන්නේ නෑ. පණවන ලද දේ වෙනස් කරන්නේ

නෑ. ඒ පෞරාණික චාරිත්‍ර, පෞරාණික නීති ශාස්ත්‍රය ඒ ආකාරයෙන්ම අනුගමනය කරනවා...?" කියලා. "ස්වාමීනී, මම අහලා තියෙනවා වජ්ජීන් පණවන ලද නීති ආරක්ෂා කරනවා. අලුතින් නීති නොපණවනවා. පෞරාණික නීති සම්පූර්ණයෙන්ම ආරක්ෂා කරනවා..." කියලා. "ආනන්දය, යම්තාක් කල් අලුතින් යමක් පණවන්නේ නැද්ද, පණවන ලද්දා වූ නීති ආරක්ෂා කරනවාද, පෞරාණික නීති රීති ආරක්ෂා කරනවාද, ඔවුන්ට දියුණුවක් මිසක් පිරිහීමක් නම් ඇතිවන්නේ නෑ."

වැඩිමහල් අයට ගරු කරන අය පිරිහෙන්නේ නෑ...

"ආනන්දය, ඔබ අහලා තියෙනවාද මේ වජ්ජීන් අතර මහළු වයසට පැමිණුන වැඩිමහල් වජ්ජීන්ට සත්කාර සම්මාන ගරුකාර කිරීම, ඔවුන්ගේ අවවාද අනුශාසනා පිළිපැදීම මේ වජ්ජීන් තුළ තියෙනවා කියලා." "ස්වාමීනී, මම අහලා තියෙනවා. මේ වජ්ජීන් වැඩි මහළු අයට ගරු කරනවා. සත්කාර සම්මාන කරනවා. ඒ වගේම ඒ වැඩිමහල්ලන්ට සවන් දෙනවා..." කියලා. "ආනන්දය, යම්තාක් කල් වැඩිමහල්ලන්ට සත්කාර සම්මාන ගරුකාර කරයිද, ඒ තාක් කල් ඔවුන්ට දියුණුවක් මිසක් පිරිහීමක් නම් ඇතිවන්නේ නෑ."

කාන්තාවන්ටත් ගරු කරන්න ඕන...

ඊළඟට අහනවා, "ආනන්දය, මේ වජ්ජීන් තමන්ගේ කාන්තා පාර්ශවයට, කුල කුමාරිකාවන්ට, ස්ත්‍රීන්ට ගෞරව සම්මාන, සැළකිලි සම්මාන දක්වනවා කියලා ඔබ අහලා තියෙනවාද...?" "ස්වාමීනී, මම අහලා තියෙනවා ඔවුන් අතර යම් කුල ස්ත්‍රීන්, කුල කාන්තාවන්, කුල කුමාරිකාවන්

සිටිත්ද, වජ්ජීන් ඔවුන්ට ගෞරව සම්මාන දක්වනවා. ඔවුන්ට පහසුවෙන් ජීවත් වෙන්න සලස්වනවා..." කියලා. "ආනන්දය, යම්තාක් කල් මේ වජ්ජීන් තමන්ගේ කුල ස්ත්‍රීන්ට, කුල කුමාරිකාවන්ට සලකයිද, සම්මාන දක්වයිද, ගරු කරයිද ඒ තාක් කල් දියුණුවක් මිසක් පිරිහීමක් ඇති වන්නේ නෑ."

පූජ්‍ය ස්ථානවලට වන්දනා මාන කරන්න ඕන...

"ආනන්දය, ඔබ අහලා තියෙනවාද මේ වජ්ජීන්, අභ්‍යන්තර බාහිර යම් පූජ්‍යස්ථාන ඇද්ද, ඒ පූජ්‍යස්ථානවලට සත්කාර සම්මාන ගරුකාර පුද පූජා පවත්වනවා කියලා...?" "එහෙමයි ස්වාමීනී, මම අහලා තියෙනවා වජ්ජීන් පූජ්‍යස්ථානවලට සත්කාර සම්මාන දක්වන බව." "ආනන්දය, යම්තාක් ආගමික සිද්ධස්ථානවලට සත්කාර සම්මාන ගෞරව දක්වයිද, ඒ තාක් පිරිහීමක් ඇතිවන්නේ නෑ. දියුණුවක්මයි ඇතිවන්නේ..."

තමන් ළඟට එන භික්ෂූන් ගැනත් සොයා බලන්න ඕන...

"ආනන්දය, ඔබ අහලා තියෙනවාද වජ්ජීන් තමන්ගේ විජිතයට වැඩම කරන්නා වූ රහතන් වහන්සේලාට, භික්ෂූන් වහන්සේලාට ආරක්ෂාව දක්වනවා, පහසුකම් සලසනවා කියලා...? ඒ වගේම තමන්ගේ විජිතයට නොවඩින ලද්දා වූ ස්වාමීන් වහන්සේලා, භික්ෂූන් වහන්සේලා, රහතන් වහන්සේලා වැඩමවා ගන්න උත්සාහවත් වෙනවා කියලා...?" "ස්වාමීනී, මම අහලා තියෙනවා වජ්ජීන් රහතන් වහන්සේලා වැඩමවා ගන්න උත්සාහ කරනවා.

වැඩසිටින්නා වූ රහතන් වහන්සේලාට සත්කාර සම්මාන දක්වනවා කියලා.” “ආනන්දය, යම් තාක් කල් මේ වජ්ජීන් තමන්ගේ දේශයට නොවඩින ලද්දා වූ රහතන් වහන්සේලා වැඩමවා ගන්නවාද, වඩින ලද්දා වූ රහතන් වහන්සේලාට සුවසේ වාසය කරන්න පහසුකම් සලසනවාද ඔවුන්ට දියුණුවක් මිසක් පිරිහීමක් නම් ඇති වන්නේ නෑ...” කියලා භාග්‍යවතුන් වහන්සේ වජ්ජීන් තුළ තිබුණු අපරිහානිය කරුණු හත දේශනා කොට වදාළා.

එක් කරුණක් තිබුණත් දියුණු වෙනවාමයි...

ඉන්පසු වස්සකාර බ්‍රාහ්මණයා දෙසට හැරී බුදුරජාණන් වහන්සේ මේ විදිහට වදාළා, “පින්වත් බ්‍රාහ්මණය, ඒ කාලේ මම වැඩහිටියේ විශාලා මහනුවර සාරන්දද චෛත්‍යස්ථානයේ. එහිදී මම වජ්ජී පිරිස කැඳවලා මේ අපරිහානිය ධර්මය දේශනා කළා. එදා ඉඳලා මේ වජ්ජීන් අපරිහානීය ධර්මය ආරක්ෂා කරනවා.” බුදුරජාණන් වහන්සේ වදාළා, “පින්වත් බ්‍රාහ්මණය, එහෙම නම් මේ වජ්ජීන්ට කවදාවත් ඔය ක්‍රමයට හානි කරන්න හම්බ වෙන්නේ නෑ. වජ්ජීන්ගේ දියුණුවක් මිස පිරිහීමක් බලාපොරොත්තු වෙන්න බෑ.”

ඊට පස්සේ වස්සකාර බ්‍රාහ්මණයා බුදුරජාණන් වහන්සේට මේ විදිහට පැවසුවා, “ස්වාමීනී, මේ කරුණු හතෙන් එක් කරුණක් තිබුණත් දියුණු වෙනවාමයි. පිරිහීමක් නම් ඇති වන්නේ නෑ. ඒ නිසා කවදාවත් යුද්ධ කරලා නම් මේ වජ්ජී දේශය ආක්‍රමණය කරන්න බෑ. ආක්‍රමණය කරනවා නම් කරන්න පුළුවන් වෙන්නේ තෑගි බෝග දීලා. එහෙම නැත්නම් මිත්‍ර භේද කරලා විතරයි. ස්වාමීනී, අපට බොහෝ වැඩ රාජකාරී තියෙනවා. අපට

කාලය බොහෝ වටිනවා. ඒ නිසා දැන් අපි යනවා...” කියලා භාග්‍යවතුන් වහන්සේට වන්දනා කරලා පිටත් වුණා.

නොපිරිහී ඉන්නට නම්...

ඉන් අනතුරුව බුදුරජාණන් වහන්සේ ආනන්ද ස්වාමීන් වහන්සේ අමතා මෙසේ වදාළා, “පින්වත් ආනන්දය, රජගහ නුවර යම්තාක් භික්ෂූන් වහන්සේලා සිටිනවාද, ඒ සියලුම භික්ෂූන් වහන්සේලා මේ උපස්ථාන ශාලාවට රැස්කරන්න...” “එසේය ස්වාමිනී” කියලා ආනන්ද ස්වාමීන් වහන්සේ භාග්‍යවත් බුදුරජාණන් වහන්සේට පිළිතුරු දුන්නා. ආනන්ද ස්වාමීන් වහන්සේ සියලුම ස්වාමීන් වහන්සේලා උපස්ථාන ශාලාවට රැස්කළා. බුදුරජාණන් වහන්සේ භික්ෂූන් වහන්සේලාට ‘සප්ත අපරිහානීය ධර්ම’ දේශනා කරන්න පටන් ගත්තා.

භික්ෂූන්ද නිතර නිතර රැස් විය යුතුයි...

“පින්වත් මහණෙනි, යම්තාක් භික්ෂූන් වහන්සේලා නිතර නිතර රැස්වෙයිද, නිතර නිතර රැස්වෙලා, එකතු වෙලා වැඩ කරයිද, ඒ තාක් කල් දියුණුවක් මිසක් පිරිහීමක් ඇතිවන්නේ නෑ.

සමඟිව සංඝ කර්ම කරන්න ඕන...

යම්තාක් කල් භික්ෂූන් වහන්සේලා සමඟිව සංඝ කර්ම කරනවාද, සමඟිව විසිර යනවාද, ඒ තාක්කල් දියුණුවක් මිසක් පිරිහීමක් ඇතිවන්නේ නෑ.

සිල් පද වෙනස් කරන්න යන්නේ නෑ...

යම්තාක් කල් භික්ෂූන් වහන්සේලා පණවන ලද්දා වූ ශික්ෂා පද ආරක්ෂා කරනවාද, නොපණවන ලද්දා වූ

ශික්ෂා පද අලුතෙන් පණවන්නේ නැද්ද, ඒ තාක් කල්ම දියුණුවක් මිසක් පිරිහීමක් ඇතිවන්නේ නෑ.

වැඩිමහල් භික්ෂූන්ට ගරු කරන්න ඕන...

යම්තාක් කල් භික්ෂූන් වහන්සේලා ධර්මධර, විනයධර, පැවිදි වී බොහෝ කල්ගත ඕන වැඩිමහල් භික්ෂූන් වහන්සේලාට, සංඝ පීතෘන් වහන්සේලාට ගෞරව සම්මාන දක්වනවාද, උන්වහන්සේලා පෙන්වන්නා වූ නිවන් මගේ හැසිරෙත්ද, ඒ තාක්කල් දියුණුවක් මිසක් පිරිහීමක් ඇතිවන්නේ නෑ.

ආශාවන්ට හසු නොවී සිටිය යුතුයි...

යම්තාක් කල් මේ පුනර්භවය ඇති කරන්නා වූ යම් තෘෂ්ණාවක් ඇද්ද... කාම තණ්හා, භව තණ්හා, විභව තණ්හා කියන මේ තෘෂ්ණාවට වසඟ නොවී සිටිත්ද, ඒ තාක්කල් දියුණුවක් මිසක් පිරිහීමක් ඇතිවන්නේ නෑ.

විවේකීව භාවනා කිරීමට කැමැත්තෙන් ඉන්න ඕන...

යම්තාක් කල් භික්ෂූන් වහන්සේලා අරණ්‍ය සේනාසනවල බණ භාවනා කිරීමේ අපේක්ෂා ඇතිව වාසය කරත්ද, ඒ තාක්කල් භික්ෂූන් වහන්සේලාගේ දියුණුවක් මිසක් පිරිහීමක් ඇතිවන්නේ නෑ.

ආගන්තුක භික්ෂූන්ට සළකන්න ඕන...

ඒ වගේම යම්තාක් භික්ෂූන් වහන්සේලා තමන්ගේ අරණ්‍ය සේනාසනවලට නොවැඩිය සුපේශල ශික්ෂාකාමී භික්ෂූන් වහන්සේලා වැඩමවා ගන්න අපේක්ෂාවක් ඇද්ද,

ඒ වගේම වැඩමවන ලද්දා වූ සුපේශල ශික්ෂාකාමී භික්ෂූන් වහන්සේලා සුවසේ වඩා හිඳුවත්ද, ඒ තාක්කල් දියුණුවක් මිසක් පිරිහීමක් ඇතිවන්නේ නෑ.

මහණෙනි, යම්තාක් භික්ෂූන් අතර මේ අපරිහානීය ධර්ම දකින්න ලැබෙයිද, ඒ තාක්කල් දියුණුවක් මිසක් පිරිහීමක් ඇතිවන්නේ නෑ. බුදුරජාණන් වහන්සේ ඔය ආකාරයට භික්ෂූන් වහන්සේලාට අපරිහානීය ධර්ම හත බැගින් හතළිස් දෙකක් දේශනා කළා.

සීල, සමාධි, ප්‍රඥා මිසක්... ප්‍රඥා, සීල, සමාධි නෙවෙයි...

ඉන්පසු බුදුරජාණන් වහන්සේ බහුල වශයෙන් අනුශාසනා කරන්න පටන් ගත්තා. මේ තමයි සීලය... (**ඉති සීලං**) මේ තමයි සමාධිය... (**ඉති සමාධිං**) මේ තමයි ප්‍රඥාව. (**ඉති පඤ්ඤා**) සීලය තුළ දියුණු කරන්නා වූ සමාධිය මහත්ඵලයි, මහානිශංසයි (**සීල පරිභාවිතෝ සමාධිං මහප්ඵලෝ හෝති මහානිසංසෝ**) සමාධිය තුළ ප්‍රගුණ කරන්නා වූ ප්‍රඥාව මහත්ඵලයි, මහානිශංසයි. (**සමාධි පරිභාවිතා පඤ්ඤා මහප්ඵලා හොන්ති මහානිසංසා**) ප්‍රඥාව තුළ ප්‍රගුණ කරන්නා වූ සිත (**පඤ්ඤා පරිභාවිතා චිත්තං**) මනාකොට ආශ්‍රවයන්ගෙන් නිදහස් වෙනවා. (**සම්මදේව ආසවේහි විමුච්චති**) කවර ආශ්‍රවයන් ගෙන්ද? කාමාශ්‍රව, භවාශ්‍රව සහ අවිජ්ජාශ්‍රව (**කාමාසවා භවාසවා අවිජ්ජාසවා**) කියන ආශ්‍රවයන්ගෙන් නිදහස් වෙනවා. බුදුරජාණන් වහන්සේ මේ සීල, සමාධි, ප්‍රඥා කියන ත්‍රිශික්ෂාව ගැන නිතර නිතර දේශනා කරන්න පටන් ගත්තා.

බහුල වශයෙන් කරන ලද අනුශාසනයක්...

බුදුරජාණන් වහන්සේ රජගහ නුවර කැමති තාක්කල් වැඩ ඉඳලා ආනන්ද ස්වාමීන් වහන්සේට මේ විදියට වදාළා, "ආනන්දය, අපි දැන් මෙහෙ හිටියා ඇති. අපි යමු අම්බලට්ඨිකාවට..." ඉන්පසු භික්ෂූන් වහන්සේලා සමඟ අම්බලට්ඨිකා කියන නගරයට වැඩිය බුදුරජාණන් වහන්සේ ඒ නගරයේ තිබුණු රාජකාගාරයේ වැඩහිටියා. ඒ රාජකාගාරයේ වැඩහිටිය බුදුරජාණන් වහන්සේ යළි යළිත් දේශනා කළේ අර ධර්මයමයි. කුමක්ද ඒ? 'මේ තමයි සීලය, මේ තමයි සමාධිය, මේ තමයි ප්‍රඥාව... සීලයෙන් දියුණු කළ සමාධිය මහත්ඵලයි, මහානිශංසයි. සමාධියෙන් දියුණු කරපු ප්‍රඥාව මහත්ඵලයි, මහානිශංසයි. ප්‍රඥාවෙන් දියණු කරපු සිත මනාකොට කෙලෙසුන්ගෙන් නිදහස් වෙනවා...' බුදුරජාණන් වහන්සේ ආනන්ද හාමුදුරුවන්ට කියනවා, "ආනන්දය, අපි දැන් මේ අම්බලට්ඨිකාවේ හිටියා ඇති. අපි දැන් නාලන්දාවට පිටත් වෙමු." ඉන් අනතුරුව නාලන්දාව කියන නගරයට පිටත් වුණ උන්වහන්සේ නාලන්දා නගරයේ 'පවාරික' කියන අඹ වනයේ වැඩ සිටියා.

සැරියුත් තෙරුන් සිංහනාද කරයි...

පවාරික අඹ වනයේ භික්ෂු සංඝයා පිරිවරා ගෙන වැඩසිටින බුදුරජාණන් වහන්සේ දැක්ක සාරිපුත්ත මහ රහතන් වහන්සේට ඉමහත් ප්‍රීතියක් හටගත්තා. ප්‍රීතිමත් වූ සිතින් යුතුව උන්වහන්සේ බුදුරජාණන් වහන්සේට මේ විදිහට පැවසුවා, "භාග්‍යවත් බුදුරජාණන් වහන්ස, මම මේ විදිහටයි භාග්‍යවතුන් වහන්සේ ගැන පැහැදිලා සිටින්නේ. ස්වාමීනී, භාග්‍යවතුන් වහන්ස, අතීතයේවත්, අනාගතේවත්,

වර්තමානයේවත් මේ උතුම් අවබෝධය තුළ බුදුරජාණන් වහන්සේට වඩා වැඩි කෙනෙක්, මේ දෙවියන්, බඹුන් මිනිසුන් අතර මම නම් දකින්නේ නැහැ..." කියලා (**නජාහු නච භවිස්සති න චේතරහි විජ්ජති. අඤ්ඤො සමණෝවා බ්‍රාහ්මණෝවා භගවතෝ භියෝභිඤ්ඤතරෝ යදිදං සම්බෝධියන්ති**). "පින්වත් සාරිපුත්ත, ඔබ උදාන වාක්‍යයක් පහළ කළා." බුදුරජාණන් වහන්සේ වදාළා, "සාරිපුත්ත, ඔබ මහා ශ්‍රේෂ්ඨ වචනයක් ප්‍රකාශ කළේ... (**උළාරා ඛෝ තේ අයං සාරිපුත්ත ආසභි වාචා භාසිතං**) ඔබ මේ සිංහනාදයක් කළේ... (**ඒකංසෝ ගහිතෝ සීහනාදෝ නදිතෝ**) මොකක්ද ඔබ කරපු සිංහ නාදය? අතීතයේ හෝ වර්තමානයේ හෝ අනාගතයේ හෝ මෙතරම් අවබෝධයකින් යුතු කෙනෙක් බුදුරජාණන් වහන්සේට වඩා වැඩි අවබෝධයක් ඇති කෙනෙක් නම් දැකලා නෑ කියලා..."

බුදුවරුන්ගේ සිත පිරිසිඳ දැක්කාද...?

ඉතින් බුදුරජාණන් වහන්සේ විමසුවා, "සාරිපුත්ත, අතීතයේ වැඩ ඉඳලා තියෙනවා බුදුරජාණන් වහන්සේලා. එතකොට ඔබ අතීතයේ වැඩසිටිය බුදුරජාණන් වහන්සේලා ගැන ඔබේ හිතින් පිරිසිඳ දැකලාද මෙහෙම කියන්නේ...?" "අනේ ස්වාමීනී, භාග්‍යවතුන් වහන්ස, මට ඒ දැනුම නෑ." "පින්වත් සාරිපුත්තය, අනාගතයේ බුදුරජාණන් වහන්සේලා මේ ලෝකයට පහළ වෙනවා. අනාගතයේ පහළ වන්නා වූ බුදුරජාණන් වහන්සේලා ගැන ඔබේ හිතින් පිරිසිඳ දැකලාද මේ කරුණ ප්‍රකාශ කරන්නේ...?" "අනේ නැහැ ස්වාමීනී, භාග්‍යවතුන් වහන්ස, මට ඒ තරම් හැකියාවක් නෑ." "පින්වත් සාරිපුත්තය, වර්තමානයේ වැඩසිටින බුදුරජාණන් වහන්සේ වන මා, 'මේ ආකාරයේ සීලාදී ගුණ ධර්මවලින් යුක්තයි, මේ ආකාරයේ සමාධියකින් යුක්තයි,

මේ ආකාරයේ ප්‍රඥාවකින් යුක්තයි, මේ ආකාරයේ විමුක්ත සිතකින් යුක්තයි' කියලා, මගේ සිත ඔබේ සිතින් පිරිසිඳ දැකලාද මේ කියන්නේ...?" "අනේ ස්වාමීනී, භාග්‍යවතුන් වහන්ස, මම එහෙම දන්නෙත් නෑ." "එහෙමනම් සාරිපුත්ත, කොහොමද ඔබ මෙවැනි සිංහ නාදයක් කළේ...?" කියලා භාග්‍යවතුන් වහන්සේ සාරිපුත්තයන් වහන්සේගෙන් විමසුවා.

බුදුවරුන් ගැන දැනගන්න එක ලේසි දෙයක් නොවෙයි...

සාරිපුත්තයන් වහන්සේ භාග්‍යවතුන් වහන්සේට මේ විදිහට පිළිතුරු දුන්නා, "ස්වාමීනී, භාග්‍යවතුන් වහන්ස, අතීතයේ වැඩසිටිය බුදුරජාණන් වහන්සේලා ගැන, අනාගතයේ පහළ වන්නා වූ බුදුරජාණන් වහන්සේලා ගැන, වර්තමානයේ වැඩසිටින බුදුරජාණන් වහන්සේ ගැන මට ඤාණයක් නෑ..." පින්වතුනි, බලන්න ප්‍රඥාවන්ත රහතන් වහන්සේලා අතරින් අග්‍ර සාරිපුත්ත මහරහතන් වහන්සේ වගේ කෙනෙක්, කොයි වගේ ආකල්පයකින්ද හිටියේ කියලා. එහෙමනම් දැන් ඉන්න අයගේ ඤාණය ගැන කවර කථාද?

බළල් පැටවෙකුටවත් රිංගන්න බෑ...

සාරිපුත්තයන් වහන්සේ මෙහෙම ප්‍රකාශ කළා, "ස්වාමීනී, මට මෙන්න මේ ආකාරයේ වැටහීමක් තියෙනවා. ඔන්න එක රජෙකුට නගරයක් තියෙනවා කියලා හිතමු. මේ නගරයේ වටේටම ප්‍රාකාරයක් තියෙනවා. ඒත් මේ නගරයට ඇතුළු වෙන්න එක දොරටුවයි තියෙන්නේ. මේ දොරටුව ළඟ ඉන්නවා බොහෝම ඤාණවන්ත දොරටු පාලකයෙක්. අවබෝධයෙන් යුතුවම දන්න හඳුනන අය

පමණක් ඇතුළට ගන්නවා. නොදන්නා අය එළියට දානවා. ඉතින් මෙයා දවසක් මේ ප්‍රාකාරය වටේටම පරීක්ෂා කරලා, බළල් පැටවෙකුට රිංගන්න පුළුවන් තරමේ සිදුරක්වත් මේ ප්‍රාකාරයේ නැති බව දැනගත්තා. මෙයාට තේරුම් ගියා ඒකාන්තයෙන්ම මේ නගරය නම් ආරක්ෂිත පවුරකින් යුතු නගරයක්මයි කියලා. ස්වාමීනී, මටත් අන්න ඒ වගේ අදහසක් තමයි ඇති වුණේ..."

මේ අවබෝධය මතම පමණයි...

අතීතයේ බුදුරජාණන් වහන්සේලා වැඩහිටියා නම්, අනාගතේ පහළ වෙනවා නම්, වර්තමානයේ බුදුවරු පහළ වෙනවා නම්, ඒ සියලු බුදුරජාණන් වහන්සේලා, යම් සතර සතිපට්ඨාන ධර්මයක් ඇද්ද, මේ සතර සතිපට්ඨානය තුළ මනාකොට සිත පිහිටුවලා සති, ධම්ම විචය, විරිය, ප්‍රීති, පස්සද්ධි, සමාධි, උපේක්ඛා කියන සප්ත බොජ්ඣංග ධර්මයන් දියුණු කරලා, ඒ අවබෝධය මතම තමයි අරහත්වයට සම්මා සම්බුද්ධත්වයට පත්වෙන්නේ කියන අදහසයි ස්වාමීනී මට ඇති වුණේ..." කියලා උන්වහන්සේ ප්‍රකාශ කළා.

නිරන්තරයෙන් කළ අවවාදයක්...

බුදුරජාණන් වහන්සේ සාරිපුත්තයන් වහන්සේගේ ප්‍රකාශය ගැන සතුටට පත් වුණා. බුදුරජාණන් වහන්සේ එදත් භික්ෂු සංඝයා අමතා වදාළේ, "පින්වත් මහණෙනි, මෙයයි සීලය, මෙයයි සමාධිය, මෙයයි ප්‍රඥාව, සීලයෙන් ප්‍රගුණ කරන ලද්දා වූ සමාධිය මහත්ඵලයි, මහානිශංසයි. සමාධියෙන් ප්‍රගුණ කරන ලද්දා වූ ප්‍රඥාව මහත්ඵලයි, මහානිශංසයි. ප්‍රඥාවෙන් ප්‍රගුණ කරන ලද්දා වූ සිත මනාකොට ආශ්‍රවයන්ගෙන් නිදහස් වෙනවා. ඒ කාම

ආශ්‍රවයන්ගෙන්, භව අශ්‍රවයන්ගෙන්, අවිද්‍යා අශ්‍රවයන් ගෙන් මනා කොට නිදහස් වෙනවා.

අලුත්ම අලුත් ශාලාවක්...

බුදුරජාණන් වහන්සේ වදාළා, "ආනන්දය, අපි නාලන්දාවේ හිටියා ඇති. දැන් අපි යමු පාටලී කියන ගමට." බුදුරජාණන් වහන්සේ භික්ෂු සංඝයා සමඟ පාටලී කියන ගමට වැඩීමෙන් පස්සේ ගම්වාසීන්ට ආරංචි වුණා බුදුරජාණන් වහන්සේ අපේ ගමට වැඩම කරලා කියලා. ඊට පස්සේ ඒ පාටලී ගම්වාසීන් බුදුරජාණන් වහන්සේ වෙත ගොස් මේ විදිහට කියා සිටියා. "ස්වාමීනී භාග්‍යවතුන් වහන්ස, අපේ ගමේ තියෙනවා ආවාසථාගාරයක්. ඒ කියන්නේ ප්‍රධාන ශාලාවක්. අපි තාම ඒක විවෘත කරලාවත් නෑ. භාග්‍යවත් බුදුරජාණන් වහන්සේ භික්ෂු සංඝයා සමඟ පළමුවෙන්ම මේ ශාලාව පරිභෝග කරන සේක්වා..." ඉතින් බුදුරජාණන් වහන්සේ ආරාධනාව පිළිඅරගෙන ඒ ශාලාව වෙත වැඩම කර, ඒ ශාලාවේ මැද කණුවට හේත්තු වෙලා ශාලාවේ ඉදිරිපසට මුහුණ ලා වැඩසිටියා. භික්ෂූන් වහන්සේලා ඊට පිටුපසින් පිටුපස බිත්තියට පිටුපාලා ඉදිරිපසට මුහුණ ලා වාඩිවුණා. ඊට පස්සේ පාටලී ග්‍රාමයේ හිටපු උපාසක උපාසිකා පිරිස බුදුරජාණන් වහන්සේ වෙත පැමිණ වන්දනා කරලා පැත්තකින් වාඩිවුණා.

සිල්පද කඩන අයට සීල විපත්ති පහක්...

බුදුරජාණන් වහන්සේ එදා ඒ උපාසකවරුන්ට "පින්වත් උපාසකවරුනි, දුස්සීල කෙනෙකුට දුස්සීල විපත්ති පහක් තියෙනවා.

01. දුස්සීල කෙනා ඒ දුස්සීලකම නිසාම තමන්ගේ කටයුතු අංග සම්පූර්ණව කරන්නේ නෑ. තමන් හරි

හම්බ කරපු ඔක්කෝම අඩාල වෙලා නැති නාස්ති වෙලා යනවා. ඒක තමයි පළමු වැනි සීල විපත්තිය.

02. දෙවෙනි සීල විපත්තිය තමයි දුස්සීල තැනැත්තා පිළිබඳව 'මෙයා මේ ආකාරයේ පාපතර පුද්ගලයෙක්ය...' කියලා පවිටු, ලාමක, අපකීර්ති ඝෝෂාවක් පැතිරෙනවා.

03. දුස්සීලයාගේ තුන්වන සීල විපත්තිය තමයි යම් සිල්වත් ක්ෂත්‍රිය පිරිසක් මැද්දට හෝ බ්‍රාහ්මණ පිරිසක් මැද්දට හෝ ගෘහපති පිරිසක් මැද්දට හෝ ශ්‍රමණ පිරිසක් මැද්දට හෝ විශාරදව යන්නට පුළුවන්කමක් නැහැ. තැති ගනිමින් තමයි යන්න වෙන්නේ. මේක තමයි තුන්වැනි සීල විපත්තිය.

04. දුස්සීලයාගේ හතර වෙනි සීල විපත්තිය තමයි මරණාසන්න වෙනකොට සිහි කල්පනාව නැතුව යනවා. සිහිමුළා වෙලා මරණයට පත් වෙනවා.

05. දුස්සීලයාගේ පස් වෙනි සීල විපත්තිය තමයි කය බිඳී මරණින් මත්තේ අපාය නම් වූ, දුගතිය නම් වූ, විනිපාත නම් වූ නිරයේ උපදිනවා. මෙන්න මේ කරුණු පහ තමයි දුස්සීලයාගේ සීල විපත්ති කියන්නේ.

සිල්පද රකින අයට සීල සම්පත්ති පහක්...

බුදුරජාණන් වහන්සේ වදාළා, "පින්වතුනි, සීලවන්තයාගේ සීල සම්පත් පහක් තියෙනවා."

01. සිල්වන්ත කෙනාගේ අප්‍රමාදී ජීවිතය නිසා මහත් වූ භෝගස්කන්ධයක් උපදිනවා. ධනවත් කෙනෙක් බවට පත්වෙනවා.

02. සීලවන්තයාගේ සිල්වත්බව නිසා 'මෙයා සිල්වත් කෙනෙක්ය...' කියලා කළ්‍යාණ කීර්ති රාවයක් පැතිර යනවා.

03. සීලවන්තයාගේ සිල්වත්බව නිසා, යම් සිල්වත් ක්ෂත්‍රිය පිරිසක් මැද්දට හෝ බ්‍රාහ්මණ පිරිසක් මැද්දට හෝ ගෘහපති පිරිසක් මැද්දට හෝ ශ්‍රමණ පිරිසක් මැද්දට හෝ ඔහුට විශාරදව ගමන් කිරීමට හැකියාවක් ලැබෙනවා.

04. සීලවන්තයාගේ හතරවෙනි සීල සම්පත්තිය තමයි මරණයට පත්වෙන මොහොත දක්වාම හොඳින් සිහිය පැවතිලා, සිහි මුළා නොවීම මරණයට පත්වෙනවා.

05. සීලවන්තයාගේ පස්වෙනි සිල සම්පත්තිය තමයි කය බිඳී මරණින් මත්තේ සුගතිය නම් වූ, ස්වර්ග ලෝකයේ උපත ලබනවා.

මෙන්න මේ සීල සම්පත්ති පහත් සීල විපත්ති පහත් බුදුරජාණන් වහන්සේ දේශනා කොට වදාළා. එදා රාත්‍රියේ බුදුරජාණන් වහන්සේ බොහෝ වේලාවක් ධර්මය දේශනා කළා. ඉන් අනතුරුව පාටලී ග්‍රාමයේ උපාසකවරු බුදුරජාණන් වහන්සේට වන්දනා කරලා පිටත් වුණා.

දෙවියන් සමඟ එකතු වී හදන නගරයක් වගෙයි...

බුදුරජාණන් වහන්සේ උන්වහන්සේට වෙන් කර තිබුණ හිස් කුටියට වැඩම කළා. බුදුරජාණන් වහන්සේ භාවනාවේ යෙදී සිටින විට 'සුනීධ, වස්සකාර' කියන මහා අමාත්‍යවරු වජ්ජීන්ව විනාශ කරන්න මේ 'පාටලී'

කියන ගමේ නගරයක් නිර්මාණය කරනවා දිවැසින් දැක වදාළා. බුදුරජාණන් වහන්සේ දිවැසින් දුටුවා මේ නගරයට දෙවිවරුන් අරක් ගන්න ආකාරය. මහේශාක්‍ය දෙවිවරු යම් ප්‍රදේශයක අරක් ගන්නවාද, ඒ ප්‍රදේශයේ මහේශාක්‍ය ධනවත් පිරිසට ගෙවල් හදන්න හිතෙනවා. මධ්‍යම ආනුභාව සම්පන්න දෙවිවරු යම් ප්‍රදේශයක අරක් ගන්නවාද, ඒ ප්‍රදේශයේ මධ්‍යම ප්‍රමාණයේ ධනවත් පිරිසට නිවාස හදන්න හිතෙනවා. ඒ වගේම හීන වූ ආනුභාව සම්පන්න දෙවිවරු යම් ප්‍රදේශයකට අරක් ගන්නවාද, ඒ ප්‍රදේශයේ දිළිඳු අයට නිවාස හදන්න හිතෙනවා. බුදුරජාණන් වහන්සේ මේ ආශ්චර්යයමත් සිද්ධිය දැකලා මේ විදිහට කල්පනා කළා. "සුනීධ, වස්සකාර කියන ඇමැතිවරු මේ පාටලී ග්‍රාමයේ, පාටලී පුත්‍ර කියන නගරය හදන්නේ හරියට දෙවිවරුත් එක්ක කථා බහ කරගෙන සාකච්ඡා කරගෙන වගේ..."

මේ නගරයත් යම් දවසක විනාශ වෙනවා...

ඒ රාත්‍රිය ගෙවී ගිය පසු බුදුරජාණන් වහන්සේ ආනන්ද ස්වාමීන් වහන්සේ අමතා මේ විදිහට වදාළා, "පින්වත් ආනන්දය, මම දිවැසින් දැක්කා මේ සුනීධ වස්සකාර අමාත්‍යවරු පාටලී ග්‍රාමයේ නගරයක් නිර්මාණය කරනවා. ඒක හරියට තාවතිංසයේ දෙවියන් එක්ක කථා බහ කරගෙන හදනවා වගේ. ආනන්ද, යම්තාක් ආර්යන් වහන්සේලා නිතර නිතර සැරිසරන තැනක් වෙනවාද, යම්තාක් වාණිජ නගරයක් වෙනවාද, අන්න එබඳු තැනක් බවට මේ නගරය අනාගතයේ පත්වෙනවා. මේ පාටලී පුත්‍ර නගරය අග්‍ර නගරයක් බවට පත්වෙනවා. නමුත් ආනන්ද, මේ නගරයට අනතුරු තුනක් තියෙනවා. පළමුවෙනි අනතුර තමයි ගින්න. දෙවෙනි අනතුර තමයි ජලය. මිත්‍ර

භේදය තමයි තුන්වෙනි අනතුර. මේ කියන අනතුරු සිදු වුණොත් මේ නගරයත් විනාශ වෙලා යනවා.

දෙවියන්ගේ රැකවරණය ලබාගන්න ක්‍රමයක්...

පසුදින සුනීධ, වස්සකාර කියන අමාත්‍යවරු බුදුරජාණන් වහන්සේ බැහැදකින්න පැමිණියා. පැමිණිලා උන්වහන්සේට මේ විදිහට ආරාධනා කළා. "භාග්‍යවත් බුදුරජාණන් වහන්ස, අද දවසේ දානයට අප ගේ නගරයට වඩින සේක්වා...! සුගතයන් වහන්සේ අපගේ දානය වළඳන සේක්වා...!" මේ ආරාධනාවෙන් පසු බුදුරජාණන් වහන්සේ භික්ෂු සංඝයා සමඟ ඒ සුනීධ, වස්සකාර කියන ඇමතිවරුන්ගේ වාසභවනට වැඩම කළා. ඔවුන් මනාකොට පිළිගැන්වූ දානයෙන් අනතුරුව බුදුරජාණන් වහන්සේ මෙන්න මේ ගාථාවලින් රැස්ව සිටි පිරිසට අනුශාසනා කළා.

යස්මිං පදේසේ කප්පේති - වාසං පණ්ඩිතජාතියෝ
සීලවන්තෙත්ථ භෝජෙත්වා - සඤ්ඤතේ බ්‍රහ්මචාරයෝ

"යම් ප්‍රදේශයක නුවණැති උදවිය වාසය කරනවා නම්, ඔවුන් තම නිවෙස්වලදී සංසුන් ඉඳුරන් ඇති සිල්වතුන් වහන්සේලා වළඳවනවා..."

යා තත්ථ දේවතා ආසුං - තාසං දක්ඛිණමාදිසේ
තා පූජිතා පූජයන්ති - මානිතා මානයන්ති නං

"එහි සිටින දෙවිවරුන්ටත් ඒ පින් අනුමෝදන් කරනවා. ඒ විදිහට පුදන ලැබූ ඒ දෙවිවරුත් ඒ අයව පෙරළා පුදනවා. ගරු බුහුමන් ලැබූ දෙවිවරු ඔවුන්ට පෙරළා ගරු බුහුමන් කරනවා..."

තතෝ නං අනුකම්පන්ති - මාතා පුත්තංව ඕරසං
දේවතානුකම්පිතෝ පෝසෝ - සාදු භද්‍රානි පස්සතී' ති

"හරියට අම්මා කෙනෙක් තමන්ගේ උර මඬලේ තියාගෙන හදපු වඩපු පුතෙකුට අනුකම්පා කරනවා වගේ, ඒ දෙවිවරුත් ඔවුන්ට අනුකම්පා කරනවා. දෙවියන්ගෙන් ඒ විදිහට අනුකම්පා ලබන කෙනාට හැම තිස්සෙම දකින්න ලැබෙන්නේ යහපතක්මයි..."

සම්බුදුන් නමින් දොරටුවක් හා තොටුපළක් නම් කරයි...

ඊළඟට සුනීධ, වස්සකාර අමාත්‍යවරු බුදුරජාණන් වහන්සේ වැඩම වද්දී උන්වහන්සේගේ පසුපසින්ම ගමන් කළා. ඒ සුනීධ, වස්සකාර අමාත්‍යවරු කතා වුණා අද දින යම්කිසි ද්වාරයකින් ශ්‍රමණ ගෞතමයන් වහන්සේ එළියට වඩීද, ඒ ද්වාරය 'ගෞතම ද්වාරය' කියලා නම් කරනවා. යම් කිසි තොටුපළකින් ශ්‍රමණ ගෞතමයන් වහන්සේ එතෙරට වඩිනවාද, අන්න ඒ තීර්ථයට 'ගෞතම තීර්ථය' කියලා නම් කරනවා. ඉතින් බුදුරජාණන් වහන්සේ එළියට වැඩම කළ ඒ ද්වාරයට නම වැටුණා 'ගෞතම ද්වාරය' කියලා.

ගඟෙන් වගේම සසරිනුත් එතෙර වුණා...

එදා බුදුරජාණන් වහන්සේ වැඩම කරන විට 'ගංගා' නම් ගඟ පිරී ඉතිරී දෙගොඩ තලා ගලා බසිනවා. මිනිසුන්ට එතෙර වෙන්න විදිහක් නැතිව, නොයෙක් ආකාරයේ පවුරු සකස් කරමින්, ඔරු පාරු සකස් කරමින් එතෙර වෙන්න මහන්සි ගන්නවා. බුදුරජාණන් වහන්සේ ඉර්ධි බලයෙන් භික්ෂු සංඝයාත් සමඟ මෙතෙරින් අතුරුදහන්

වෙලා එතෙරින් මතු වුණා. ඊට පස්සේ බුදුරජාණන් වහන්සේ භික්ෂූන් වහන්සේලා අමතා මේ විදිහට වදාළා,

"සමහරු ඉන්නවා සංසාර සාගරයෙනුත්, තණ්හා සැඩ පහරිනුත් මඩ තවරාගන්නේ නැතුව එතෙර වෙන්නේ 'ආර්ය අෂ්ටාංගික මාර්ගය' නමැති පාලම හදාගෙනයි. නමුත් සාමාන්‍ය ජනතාව මේ වතුර ඩිංගිත්තක් තරණය කරගන්ට බැරුව පහුරු බඳිනවා. ප්‍රඥාවන්ත උදවිය පහුරු නැතිව ඒකෙනුත් එතෙර වුණා..."

මේ හතර අවබෝධ නොවූ නිසා අපි තාමත් සසරේ...

ඊළඟට බුදුරජාණන් වහන්සේ වැඩම කළේ 'කෝටිග්‍රාම' කියන ගමටයි. ඒ ගමේදී උන්වහන්සේ භික්ෂු සංඝයා අමතා මෙසේ වදාරන්නට වුණා. "පින්වත් මහණෙනි, ආර්ය සත්‍යය හතරක් අවබෝධ කරගන්න බැරි වීම නිසා, ප්‍රතිවේද කරගන්න බැරි වීම නිසා, සාක්ෂාත් කරගන්න බැරි වීම නිසා මමත් ඔබත් බොහෝ කාලයක් මේ සංසාරේ සැරිසරාගෙන ආවා. ඒ කවර හතරක්ද යත්... දුක නම් වූ ආර්ය සත්‍යත්, දුක්ඛ සමුදය නම් වූ ආර්ය සත්‍යයත්, දුක්ඛ නිරෝධය නම් වූ ආර්ය සත්‍යයත්, දුක්ඛ නිරෝධ ගාමිනී පටිපදා නම් වූ ආර්ය සත්‍යයත් කියන හතරයි..." එහිදී බුදුරජාණන් වහන්සේ, "පින්වත් මහණෙනි, දැන් ඔබත් මමත් මේ චතුරාර්ය සත්‍ය ධර්මය අවබෝධ කරගත්තා. දැන් ඔබත් මමත් මේ සසර ගමනින් අත්මිදුණා. දැන් ඉතින් අපට පුනර්භවයක් නම් නෑ..." කියමින් උදාන වාක්‍යයක් පහළ කළා.

බුදුරජාණන් වහන්සේ භික්ෂූන් වහන්සේලා අමතා නැවත නැවතත් මේ විදිහට වදාළා. "පින්වත්

මහණෙනි, මෙයයි සීලය... මෙයයි සමාධිය... මෙයයි ප්‍රඥාව... සීලයෙන් දියුණු කරන ලද සමාධිය මහත්ඵලයි, මහානිශංසයි. සමාධියෙන් දියුණු කරන ලද ප්‍රඥාව මහත්ඵලයි, මහානිශංසයි. සමාධියෙන් දියුණු කරන ලද සිත මනාකොට කෙලෙසුන්ගෙන් නිදහස් වෙනවා..."

විශාල පිරිසක් මරණයට පත්වෙලා...

ඉන් අනතුරුව බුදුරජාණන් වහන්සේ කෝටි ග්‍රාමයෙන් පිටත් වෙලා 'නාදිකා' කියන ගමට වැඩම කළා. නාදිකාවේ වැඩසිටිද්දී ආනන්ද හාමුදුරුවෝ බුදුරජාණන් වහන්සේ ළඟට ඇවිත්, "ස්වාමීනි, භාග්‍යවතුන් වහන්ස, මේ ගමේ බොහෝ පිරිසක් අභාවප්‍රාප්ත වෙලා. 'සාල' කියන භික්ෂුව, 'නන්දා' කියන භික්ෂුණිය, 'සුදත්ත' කියන උපාසක, 'සුජාතා' කියන උපාසිකාව, 'කකුධ' කියන උපාසක, 'කාලිංග' කියන උපාසක, 'නිකට' කියන උපාසක 'කටිස්සභ, තුට්ඨ, සංතුට්ඨ, භද්‍ර හා සුභද්‍ර' කියන උපාසකවරු වගේ බොහෝ පිරිසක් මරණයට පත්වෙලා. ස්වාමීනී භාග්‍යවතුන් වහන්ස, මේ ගොල්ලෝ ඉපදුණේ කොහේද?" කියලා විමසුවා.

ඒ ඔක්කෝම සතර අපායෙන් නිදහස්...

බුදුරජාණන් වහන්සේ වදාළා, "පින්වත් ආනන්ද, 'සාල' කියන භික්ෂුව පිරිනිවන් පෑවා. 'නන්දා' භික්ෂුණිය අනාගාමී වෙලා බඹ ලොව උපන්නා. 'සුදත්ත' උපාසක සකදාගාමී වුණා. 'සුජාතා' උපාසිකාව සෝවාන් වුණා. 'කකුධ උපාසාක' ඇතුළු අනිත් උපාසකවරු අනාගාමී වුණා..." ඉතින් බුදුරජාණන් වහන්සේ මේ වගේ විස්තර කරගෙන ගිහිල්ලා... "පින්වත් ආනන්ද, මේ පිරිස අතරින් පණහකට අධික පිරිසක් අනාගාමී තත්වයට පත්වෙලයි

මරණයට පත්වුණේ. අනූවකට වැඩි පිරිසක් සකදාගාමී වෙලයි මරණයට පත්වුණේ. පන්සීයකට වැඩි පිරිසක් සෝතාපන්න වෙලයි මරණයට පත්වුණේ...” කියලා උන්වහන්සේ වදාළා. දැන් බලන්න ‘නාදිකා’ කියන ගමේ විතරක් සෝතාපන්න වුණ පිරිස පන්සියයකට වැඩියි. සකදාගාමී පිරිස අනූවකට වැඩියි. අනාගාමී පිරිස පණහකට වැඩියි. එහෙනම් දැන් මේ අය කොහේ ඉපදිලා ඇද්ද? එහෙමනම් ඒ උදවිය දැන් මිනිස් ලොව හරි, දෙව් ලොව හරි, බඹ ලොව හරි ඉපදිලා ඇති. ඒ කියන්නේ මේ තවමත් පවතින්නේ ගෞතම බුදුරජාණන් වහන්සේගේ කාලයයි. උන්වහන්සේගේ ශාසනයයි.

දහම් කැඩපත...

ඊළඟට බුදුරජාණන් වහන්සේ වදාළා, “ආනන්ද, මිනිස්සු මැරෙනවා කියන එකේ පුදුම වෙන්න කිසිම දෙයක් නෑ. ඔබ මේ කරන්නේ මිනිස්සු මැරෙන එක මුල් කරගෙන ‘ඒ අය කොහේද උපන්නේ? කොහේද උපන්නේ?’ කිය කියා අසමින් තථාගතයන් වහන්සේව මහන්සි කරවන එකයි. ඒ නිසා ආනන්ද, මම ඔබට දහම් කැඩපත ගැන දේශනා කරන්නම්. ඒ දහම් කැඩපතින් තමාට තමාව හඳුනාගන්න පුළුවන්. ‘මම නිරයෙන් නිදහස් වුණ කෙනෙක්.’ **(ඛීණ නිරයොම්හී)** ‘මම තිරිසන් උපතින් නිදහස් වුණ එක්කෙනෙක්.’ **(ඛීණ තිරච්ඡාන යෝනි)** ‘මම පෙරේත ලෝකයෙන් නිදහස් වුණ එක්කෙනෙක්.’ **(ඛීණ පෙත්තිවිසයෝ)** ‘මම අපාය දුර්ගති විනිපාතයෙන් නිදහස් වුණ කෙනෙක්.’ **(ඛීණාපායදුග්ගති විනිපාතෝ)** ‘මම සෝතාපන්න කෙනෙක්.’ **(සෝතාපන්නෝ හමස්මි)** ‘නියත වශයෙන්ම නිවන අවබෝධ කරනවාමයි.’ **(නියතෝ සම්බෝධි පරායනෝ)** කියලා දහම් කැඩපතකින් බලලා,

තමාට තමාව හඳුනාගන්න කියලා උන්වහන්සේ දේශනා කළා.

බුදු සමිඳාණන්ව ගුණ වශයෙන් හඳුන ගන්නවා...

බුදුරජාණන් වහන්සේ ගැන දෙවියන්, මරුන්, බඹුන් සහිත මේ ලෝකයේ ශ්‍රමණ බ්‍රාහ්මණයන් සහිත ලෝකයේ කිසිවෙකුට වෙනස් නොකළ හැකි ශ්‍රද්ධාවක පිහිටලා ඉන්නවා. **(ඉධානන්ද අරිය සාවකෝ බුද්ධේ අවෙච්චප්පසාදේන සමන්නාගතෝ හෝති)** ඒ භාග්‍යවතුන් වහන්සේ අරහං වන සේක. සම්මා සම්බුද්ධ වන සේක. විජ්ජාචරණසම්පන්න වන සේක. සුගත වන සේක. ලෝකවිදූ වන සේක. අනුත්තරෝ පුරිසදම්මසාරථී වන සේක. සත්ථා දේවමනුස්සානං වන සේක. බුද්ධ වන සේක. භගවා වන සේක කියලා බුදුරජාණන් වහන්සේව ගුණ වශයෙන් හඳුනාගෙන කිසිවෙකුට වෙනස් කරන්න බැරි ශ්‍රද්ධාවකින් යුක්ත වෙනවා.

ශ්‍රී සද්ධර්මය ගුණ වශයෙන් හඳුනා ගන්නවා...

ඒ වගේම ධර්මය ගැනත් කිසි කෙනෙකුට වෙනස් කළ නොහැකි ශ්‍රද්ධාවකින් යුතු වෙනවා. ඒ කොහොමද? භාග්‍යවතුන් වහන්සේ විසින් ඒ ධර්මය මනාකොට දෙසන ලද්දේය. ඒ ධර්මය මෙලොවදීම දැකිය හැක්කේය. කල් නොයවා ඕනෑම කාලයක විපාක දෙන්නේය. ඕනෑම කාලයක අවබෝධ කළ හැක්කේය. ඇවිත් බලන්න යැයි කිව හැකි වන්නේය. තමා තුළට පමුණුවා ගැනීමට හැකි වන්නේය. ඕනෑම බුද්ධිමත් කෙනෙකුට තම තමන්ගේ නැණ පමණින් අවබෝධ කරගැනීමට හැකි වන්නේය

කියලා ඒ ශ්‍රී සද්ධර්මය ගැනත් අවෙච්චප්පසාදයකින් යුක්ත වෙනවා.

මහ සඟරුවනත් ගුණ වශයෙන් හඳුන ගන්නවා...

ඊළඟට භාග්‍යවතුන් වහන්සේගේ ශ්‍රාවක සංඝයා වනාහී සුපටිපන්නයි. ඒ කියන්නේ රාග, ද්වේශ, මෝහ නැති කරන ප්‍රතිපදාවෙන් යුක්තයි. උජුපටිපන්නයි. ඒ කියන්නේ ආර්ය අෂ්ටාංගික මාර්ගයේ ගමන් කරන ප්‍රතිපදාවෙන් යුක්තයි. ඤායපටිපන්නයි. ඒ කියන්නේ ආර්ය සත්‍ය අවබෝධ කරන්නා වූ ප්‍රතිපදාවෙන් යුක්තයි. සාමීචිපටිපන්නයි. ඒ කියන්නේ ආර්ය මාර්ගය කියාදෙන ප්‍රතිපදාවෙන් යුක්තයි. ඒ මහා සංඝරත්නය සෝවාන් මාර්ගයේ ගමන් කරන සෝවාන් ඵලයට පත්වුණ, සකදාගාමී මාර්ගයේ ගමන් කරන, සකාදාගාමී ඵලයට පත් වුණ, අනාගාමී මාර්ගයේ ගමන් කරන, අනාගාමී ඵලයට පත්වුණ, අරහත් මාර්ගයේ ගමන් කරන, අරහත් ඵලයට පත්වුණ යන අට්ඨපුරිස පුද්ගල ශ්‍රාවකයන් වහන්සේලා කියලා සඟරුවන ගුණ වශයෙන් හඳුනාගෙන නොසෙල්වෙන ප්‍රසාදයකින් යුක්තව ඉන්නවා.

ආර්යකාන්ත සීලයක්...

ඊළඟට මේ පුද්ගලයා ආර්යකාන්ත සීලයක් සමාදන් වෙලා ඉන්නවා. සිදුරු නැති පැල්ලම් නැති, නොවැටහීම් නැති, අවබෝධයෙන්ම ආර්යකාන්ත සීලය ආරක්ෂා කරන කෙනෙක් බවට පත්වෙලා ඉන්නවා. මෙන්න මේ කරුණු හතරට තමයි කියන්නේ 'සෝතාපත්ති අංග' කියලා. මේ අංග හතර යමෙක් තුළ පිහිටා තිබෙනවා නම්, ඒ කෙනා සතුව දහම් කැඩපතක් තිබෙනවා. ඒ දහම් කැඩපතින් එයා

තමා දිහා බලනවා. මේ විදිහට බලද්දී මේ කරුණු ප්‍රකටව පේනවා. එතකොට එයා 'මම නම් සතර අපායෙන් එතෙර වුණු සෝතාපන්න කෙනෙක්ය...' කියලා තමන් ගැනම විනිශ්චයකට පැමිණෙනවා. 'මම නම් ස්ථිරවම මේ බුදු සසුනේම නිවන් අවබෝධ කරගන්නවා...' කියලා තමන් ගැනම තමන් සහතික කරගන්නවා.

මේ තමයි සිහිය...

ඉතින් බුදුරජාණන් වහන්සේ ඒ නාදිකාවේ දීත් අර විදිහට සීල, සමාධි, ප්‍රඥා ගැන ධර්මය දේශනා කරලා 'වේසාලි' කියන නගරයට වැඩම කළා. එහි දී බුදුරජාණන් වහන්සේ ආනන්ද හාමුදුරුවන්ට වදාළා, "පින්වත් ආනන්ද, අපි මේ විශාලා මහනුවර හිටියා ඇති. දැන් යමු 'අම්බපාලි' වනාන්තරයට. අම්බපාලිගේ අඹ උයනට..." ඉතින් බුදුරජාණන් වහන්සේ අම්බපාලි අඹ වනයේදී භික්ෂූන් වහන්සේලා අමතා වදාළා, "පින්වත් මහණෙනි, අපගේ අනුශාසනාව මේකයි. සිහියෙනුත්, සිහිනුවණිනුත් වාසය කරන්න." සිහියෙන් වාසය කරනවා කියලා කියන්නේ කායානුපස්සනාවෙන්, වේදනානුපස්සනාවෙන්, චිත්තානුපස්සනාවෙන් හා ධම්මානුපස්සනාවෙන් යුතුව වාසය කිරීම.

සිහි නුවණ කියන්නේ මේකයි...

සිහි නුවණ තමයි ඉදිරියට යද්දීත්, පසුපසට යද්දීත්, හිත රැකගෙන සිහි නුවණින් යුතුව ඉන්නවා. (**අභික්කන්තේ පටික්කන්තේ සම්පජානකාරී හෝති**) වටපිට බලනකොට හිතට අකුසල් ඇති කරගන්න නොදී හිත රැකගෙන ඉන්නවා. (**ආලෝකිතේ විලෝකිතේ සම්පජානකාරී හෝති**) පාත්‍ර සිවුරු දරද්දීත් හිත පිරිහෙන්න නොදී හිතට කෙලෙස්

ඇති වෙන්න නොදී හිත රැකගෙන ඉන්නවා. **(සංඝාටිපත්ත චීවරධාරණේ සම්පජානකාරී හෝති)** දත් පැන් වළඳද්දී සිත කිලිටි වෙන්න නොදී හිත රැකගෙන ඉන්නවා. **(අසිතේ පීතේ ඛායිතේ සායිතේ සම්පජානකාරී හෝති)** වැසිකිලි කැසිකිළි කරද්දී පවා හිත කිලිටි වෙන්න නොදී, හිතට කෙලෙස් ඇති වෙන්න නොදී හිත රැකගෙන ඉන්නවා. **(උච්චාර පස්සාව කම්මේ සම්පජානකාරී හෝති)** වඩින විට, නැවතී සිටින විට, ආපහු එන විට, වාඩි වී සිටින විට, සැතපී සිටින විට, නොනිදා සිටින විට, කථා කරන විට, නිශ්ශබ්දව සිටින විට, නිතරම තමාගේ සිතට කෙලෙස් ඇති වෙන්න නොදී සිහියෙන් ඉන්නවා. **(ගතේ ඨිතේ නිසින්නේ සුත්තේ ජාගරිතේ භාසිතේ තුණ්හීභාවේ සම්පජානකාරී හෝති)** මේකට තමයි සම්පජානය කියන්නේ. මේක තමයි නිවන පිණිස බුදුරජාණන් වහන්සේගේ අනුශාසනාව.

අම්බපාලියගෙන් දානයක්...

'අම්බපාලී' කියන වෛශ්‍යාවට භාග්‍යවතුන් වහන්සේ තමන්ගේ අඹ වනයට වැඩම කොට සිටින බව ආරංචි වුණා. ආරංචි වෙලා ලස්සනට සරසපු අශ්ව කරත්තවල නැගලා බුදුරජාණන් වහන්සේ වැඩසිටින තමන්ගේ අඹ වනය බලා පිටත් වුණා. කරත්තවලින් යන්න පුළුවන් තරම් දුර ගිහින්, ඉතුරු ටික පයින්ම ගොස් බුදුරජාණන් වහන්සේ බැහැදැක්කා. අම්බපාලිය බුදුරජාණන් වහන්සේව ඇමතුවා. "ස්වාමීනී, භාග්‍යවතුන් වහන්ස, හෙට දවසේ දානයට භික්ෂු සංඝයා සමඟ මාගේ නිවසට වඩින සේක්වා! මාගේ දානය පිළිගන්නා සේක්වා...!" බුදුරජාණන් වහන්සේ ඇයගේ දානය පිළිගත්තා. අම්බපාලිය ඉතාම සතුටට පත්වුණා. ඇය ප්‍රීතියෙන් උද්දාමයට පත්වෙලා ආපසු පිටත් වුණා.

පාට පාට කරත්තවල පාට පාට කුමාරවරු...

මේ අතරේ ලිච්ඡවි කුමාරවරුන්ට බුදුරජාණන් වහන්සේ අම්බපාලි වනයේ වැඩසිටින බව ආරංචි වුණා. ආරංචි වෙලා එක කුමාරවරු පිරිසක් තමන්ගේ අශ්වයන්ව නිල්පාටින් සරසලා, නිල්පාට අශ්ව කරත්තෙන්, නිල්පාට වස්ත්‍ර ඇඳගෙන... තව පිරිසක් සුදු පාටින් අශ්වයන්ව සරසලා, සුදුපාට අශ්ව කරත්තෙන්, සුදුපාට වස්ත්‍ර ඇඳගෙන... තව පිරිසක් රතුපාටින් අශ්වයන්ව සරසලා, රතුපාට අශ්ව කරත්තෙන්, රතුපාට වස්ත්‍ර ඇඳගෙන... කහපාටින් අශ්වයන්ව සරසලා, කහපාට අශ්ව කරත්තෙන්, කහපාට වස්ත්‍ර ඇඳගෙන... තව කුමාරවරු පිරිසකුත් එක්ක බුදුරජාණන් වහන්සේව බැහැදකින්න පිටත් වුණා.

මොනවා දෙනවා කිව්වත්, දානේ නම් දෙන්නේ නෑ...

මේ යන අතරතුරේදී බුදුරජාණන් වහන්සේ හමුවෙලා ආපහු එන අම්බපාලියට ඈතින් එන මේ කුමාරවරු පිරිස දැක ගන්න ලැබුණා. අම්බපාලිය මොකද කළේ? "යන ගමන් ඔය කරත්ත පේළියම හප්පාගෙන පලයං" කියලා රියදුරාට අණ කළා. රියදුරාත් රෝදයේ කඩ ඇණයෙන් කරත්ත පේළිය හප්පගෙන ගියා. කුමාරවරු අශ්ව කරත්තවලින් බැස්සා. "එම්බා අම්බපාලිය, තී මොකද මේ අශ්ව කරත්තෙන් අපේ අශ්ව කරත්ත හප්පගෙන ගියේ...?" අම්බපාලි අත්දෙක උඩට උස්සලා කියනවා, "එම්බා ලිච්ඡවි කුමාරවරුනි, හෙට දවසේ බුදුරජාණන් වහන්සේ මගේ දානය පිළිගත්තා... පිළිගත්තා..." කියලා කෑ ගැහුවා. මෙහෙම කියනකොට ලිච්ඡවි කුමාරවරු, "අනේ අම්බපාලිය, ඒ දානය අපට දීපන්... අපි උඹට කහවණු

ලක්ෂයක් දෙන්නම්...” කියලා කිව්වා. ඉතින් අම්බපාලිය මොකද කළේ? ඒක පිළිගත්තාද? නෑ. “ආර්ය පුත්‍රවරුනි, මේ විශාලාවේ සියලු භවභෝගත් එක්ක මේ විශාලා මහනුවරම දුන්නත්, මම මේ දානය නම් ඔබලාට දෙන්නේ නෑ...” කියලා ගස්සගෙන යන්න ගියා.

අයියෝ... අපි කාන්තාවකට පැරදුණා නේද...?

ඊට පස්සේ මේ කුමාරවරු “අපි එහෙනම් කාන්තාවකට පැරදුණා නේද...? අයියෝ ... අපි පැරදුණා නේ. ආ... දැන් අපි මේකෙන් කොහොම හරි දිනන්න ඕන...” කියලා බුදුරජාණන් වහන්සේ ළඟට පිටත් වුණා. බුදුරජාණන් වහන්සේට ඈතින් පේනවා පාට පාට කරත්ත පේළියක්. උන්වහන්සේ භික්ෂූන් වහන්සේලාට කථා කළා, “මහණෙනි ආන්න බලන්න... ආන්න බලන්න...” තව්තිසා දිව්‍ය ලෝකය දකින්න බැරිවුණ භික්ෂූන්ට කිව්වා, “මහණෙනි, බලාගන්න... තව්තිසා දිව්‍යලෝකයේ දෙව්වරුත් හරියට ඔන්න ඔය වගේ තමයි...” කියලා. ඊට පස්සේ මේ කුමාරවරු බුදුරජාණන් වහන්සේ ළඟට ඇවිල්ලා කියනවා, “ස්වාමීනි, භාග්‍යවතුන් වහන්ස, හෙට දවසේ දානය පිළිගන්නා සේක්වා...” එහෙම කියන කොට උන්වහන්සේ කියා සිටියා, “ලිච්ඡවී කුමාරවරුනි, මම හෙට දවසට අම්බපාලියගේ දානය පිළිඅරගෙන ඉවරයි...” එතකොට ඒ අයට බුදුරජාණන් වහන්සේ තමන් ඉදිරියේ සිටින බව පවා අමතක වෙලා ගියා. ඇඟිලිවලින් අසුරු ගහලා “අනේ අපි කාන්තාවකට පැරදුණා... පැරදුණා...” කියලා කෑ ගැහුවා. ඊට පස්සේ ඔවුන් බුදුරජාණන් වහන්සේට වන්දනා කරලා පිටත් වුණා.

දානයෙන් අනතුරුව ආරාමයකුත් පූජා කළා...

පසු දින භික්ෂු සංඝයා වැඩ සිටිද්දී අම්බපාලිය දන් පැන් පූජා කරලා උන්වහන්සේ වෙත ගොස් වන්දනා කරලා මේ විදිහට කියා සිටියා, "ස්වාමීනී, භාග්‍යවතුන් වහන්ස, මම මේ අම්බපාලි වනාන්තරය බුදුරජාණන් වහන්සේ ප්‍රමුඛ භික්ෂු සංඝයාට පූජා කරනවා..." **(ඉමාහං භන්තේ ආරාමං බුද්ධ පමුඛස්ස භික්ඛු සංඝස්ස දම්මී)** කියලා පූජා කළා.

එදත් බුදුරජාණන් වහන්සේ දේශනා කළේ අර දේශනාවමයි. ඒ තමයි "පින්වත් මහණෙනි, මෙයයි සීලය... මෙයයි සමාධිය... මෙයයි ප්‍රඥාව... සීලයෙන් ප්‍රගුණ කළ සමාධිය මහත්ඵලයි, මහානිශංසයි. සමාධියෙන් ප්‍රගුණ කළ ප්‍රඥාව මහත්ඵලයි, මහානිශංසයි. ප්‍රඥාවෙන් වඩන ලද සිත මනාකොට කෙලෙසුන්ගෙන් නිදහස් වෙනවා."

මේ උන්වහන්සේගේ අන්තිම වස් කාලය...

එදා අම්බපාලි වනයේ ඉඳලා බුදුරජාණන් වහන්සේ ආනන්ද ස්වාමීන් වහන්සේට මේ විදිහට පවසා වදාළා, "පින්වත් ආනන්ද, දැන් අපි මෙහේ හිටියා ඇති. අපි දැන් යමු 'බේලුව' කියන ගම්මානයට..." එහෙම කියලා උන්වහන්සේ භික්ෂු සංඝයා සමඟ බේලුව කියන ගම්මානයට වැඩම කළා. සුළු කාලයකින් වස් කාලය පැමිණුනා. මේ තමයි බුදුරජාණන් වහන්සේගේ අවසාන වස් කාලය. බේලුව කියන ගමේදී බුදුරජාණන් වහන්සේ භික්ෂු සංඝයා රැස් කරලා මේ විදිහට උපදෙස් දුන්නා, "පින්වත් මහණෙනි, ඔබගේ යහළු හිත මිත්‍ර භික්ෂූන් වහන්සේලා යම් තැනක වැඩ සිටිනවාද, ඒ ඒ තැන්වල ඔබලා වස් වසන්න. තථාගතයන් වහන්සේ මේ බේලුව ගමේ වස් වසනවා."

බේලුව ගමේදී උන්වහන්සේ දැඩි ලෙස ගිලන් වුණා...

බේලුව කියන ගමේ වස් වසන කාලය තුළදී බුදුරජාණන් වහන්සේට හදිසි අසනීපයක් වැළඳුනා. උන්වහන්සේට බලවත් රෝගාබාධයක් ඇතිවුණා. මාරාන්තික වේදනාවක් කයේ දැනෙන්න පටන් ගත්තා. බුදුරජාණන් වහන්සේට මේ මාරාන්තික වේදනාවන් දැනෙන කොට ඒ වේදනාවන් හොඳ සිහි නුවණින් යුතුව උන්වහන්සේ ඉවසා වදාළා. නමුත් ආනන්ද හාමුදුරුවන්ට තේරුණා, බුදුරජාණන් වහන්සේ මාරාන්තික වේදනාවකට පත් වෙලා තමයි මේ මොහොතේ වැඩසිටින්නේ කියලා. මේ අවස්ථාවේ බුදුරජාණන් වහන්සේට මේ වගේ කල්පනාවක් ඇතිවුණා, "මම මේ උපස්ථායකයන් අමතන්නේ නැතිව, භික්ෂු සංඝයා අමතන්නේ නැතිව දැන්ම පිරිනිවන් පාන එක හොඳ නෑ. ඒ නිසා මම ජීවිත සංස්කාරය අධිෂ්ඨානය කරගන්න ඕන..." එහෙම හිතලා උන්වහන්සේ ජීවිත සංස්කාරය අධිෂ්ඨාන කරගෙන හොඳට අතුපතර විහිදී ගිය සෙවණ ඇති රුක් මුලකට ගොස් වැඩසිටියා.

එකම සැනැසිල්ල...

ආනන්ද හාමුදුරුවෝ බුදුරජාණන් වහන්සේ ළඟට ගොස්, "ස්වාමීනී, භාග්‍යවතුන් වහන්ස, මට දැන් මේ විදියට ඔබවහන්සේව දකින්න ලැබුණාම හිතට හරිම සැනසිල්ලක් දැනෙනවා. භාග්‍යවත් බුදුරජාණන් වහන්සේ අර මාරාන්තික වේදනාවෙන් පෙළෙමින් සිටි ආකාරය සිහි වෙනකොට... අනේ ස්වාමීනී, එතකොට මගේ කය හිර වෙනවා වගේ. මට මේ දිශාවන් මොකුත් පැහැදිලි

වෙන්නේ නැහැ. මට මේ ධර්මය සිහි කරගන්නත් බැහැ...” කියලා. ඒ වෙලේ බුදුරජාණන් වහන්සේට අනඳ තෙරුන් මේ විදිහට පැවසුවා.

“ස්වාමීනී, භාග්‍යවතුන් වහන්ස, මගේ හිතට සැනැසිලි මාත්‍රයක්වත් තියෙන්නේ භාග්‍යවත් බුදුරජාණන් වහන්සේ මේ පිරිස අමතන්නේ නැතිව පිරිනිවන් පාන්නේ නෑ කියලා...” ඒ වගේ අදහසක් ආනන්ද ස්වාමීන් වහන්සේගේ කටින් පිටවුණා නම් බුදුරජාණන් වහන්සේට මේ මොහොතේ බලවත් රෝගාබාධයක් වැළඳුන බව අපට තේරුම් ගන්න පුළුවන්. එහෙනම් මේකෙන් පෙනී යන්නේ උන්වහන්සේ අසනීප වුණේ අර ‘සූකරමද්දවය’ වළඳලා නොවෙයි කියන එකයි. මේ මොහොතේත් උන්වහන්සේ දැඩි ලෙස ගිලන් වෙලයි සිටියේ.

තවත් මොනවද බලාපොරොත්තු වෙන්නේ...?

ඊළඟට බුදුරජාණන් වහන්සේ වදාළා, “පින්වත් ආනන්දය, භික්ෂු සංඝයා මොනවද තවත් මගෙන් බලාපොරොත්තු වන්නේ...? පින්වත්, ආනන්ද මම උඩින් එකක් යටින් එකක් කියලා තියාගන්නේ නැතිව ධර්මය දේශනා කරලා තියෙනවා. ආනන්ද, තථාගතයන් වහන්සේගේ ධර්මය තුළ ගුරුවරයෙක් විසින් රහසේ උගන්වන රහස් බණක් නෑ. ආචාර්යවරයා විසින් රහසේ ගෝලයාට උගන්වන රහස් ක්‍රම ඒ තුළ නෑ. මේ ධර්මය අභ්‍යන්තර, බාහිර කියලා තියාගන්නේ නැතිව මම සියල්ල දේශනා කරලා තියෙනවා...” කියලා උන්වහන්සේ වදාළා. අපිට පැහැදිළිවම තේරෙනවා, බුදුරජාණන් වහන්සේගේ ධර්මය තුළ මේ ධර්මයෙන් බැහැර වූ වෙනත් ධර්මයක් තිබෙන්න විදිහක් නෑ කියලා. ඊළඟට බුදුරජාණන් වහන්සේ

වදාළා, "ආනන්දය, 'භික්ෂු සංඝයා මම පරිහරණය කරනවා' කියන අදහසක් වත්, 'මම උදෙසා භික්ෂු සංඝයා සිටිය යුතුයි' කියන අදහසක් වත් මට නෑ. එහෙම නැති නිසා මට එහෙම හැඟීමක් වත් ඇතිවන්නේ නෑ."

ආනන්ද මම දැන් හුඟාක් මහළුයි...

"ආනන්ද, මම දැන් හොඳටම ජරාවට පත්වෙලා. වැඩි මහළු වෙලා. මට දැන් අවුරුදු අසූවක් වෙනවා. (**අහං බෝ පනානන්ද ඒතරහි ජිණ්ණෝ වුද්ධෝ මහල්ලකෝ අද්ධගතෝ වයෝ අනුප්පත්තෝ ආසීතිබෝ මේ වයෝ වත්ථති**) මම දැන් දිරාගියපු කරත්තයක් වගේ. පිළිසකර කිරීම් කරලා, යන්තමින් අටවගත්තු කරත්තයක් වගේ. (**සෙයාථාපි ආනන්ද ජජ්ජරස කටං**) ආනන්දය, මේ නිසා තථාගතයන් වහන්සේගේ කයට බොහෝ පීඩා ඇති වෙනවා. එතකොට තථාගතයන් වහන්සේ සියලු නිමිති මෙනෙහි නොකොට, සියලු නිමිති සිහි කරන්නේ නැතුව, ඇතැම් වේදනාවන් නිරුද්ධ කරන අනිමිත්ත සමාධියට හිත පත් කරගන්නවා. අන්න ඒ වෙලාවට තථාගතයන් වහන්සේට පහසුවක් දැනෙනවා."

මේ තමයි සිටිය යුතු එකම ක්‍රමය...

"ඒ නිසා ආනන්දය, (**තස්මාතිහානන්ද**) තමන්ට තමන් දූපතක් වෙන්න... (**අත්තදීපා විහරථ**) තමන් තමන්ට සරණ වෙන්න... (**අත්ත සරණා**) වෙන දෙයක් සරණ යන්න එපා... (**අනඤ්ඤ සරණා**) ධර්මය දූපතක් කරගන්න... ධර්මය සරණ කරගන්න... වෙන දෙයක් සරණ යන්න එපා..." (**ධම්මදීපා ධම්ම සරණා අනඤ්ඤ සරණා**) අත්තසරණ කියන්නේත්, ධම්මසරණ කියන්නේත් සතර සතිපට්ඨානයටයි. සතර සතිපට්ඨානය වඩමින්

බහුල වශයෙන් පුරුදු කරන්න කියලා තමයි බුදුරජාණන් වහන්සේ ඒ වදාළේ.

ආයුෂ කල්පයක් වුණත් වැඩ ඉන්න පුළුවන්කම තිබුණා...

එදා පිණ්ඩපාතයෙන් පසුව ආනන්ද හාමුදුරුවන්ව අමතලා බුදුරජාණන් වහන්සේ මේ විදියට වදාළා, "පින්වත් ආනන්දය, මේ නිසීදනය (බිම හිඳගැනීමට භාවිතා කරන ඇතිරිල්ල) අතට ගන්න. අපි යමු චාපාල චෛත්‍යස්ථානය ළඟට..." ආනන්ද ස්වාමීන් වහන්සේ නිසීදනයත් අරගෙන, බුදුරජාණන් වහන්සේ පිටුපසින් චාපාල චෛත්‍යස්ථානය දක්වා ගමන් කළා. එහිදී බුදුරජාණන් වහන්සේ ආනන්ද ස්වාමීන් වහන්සේ අමතා මේ විදියට වදාළා, "ආනන්දය, මේ විශාලා මහනුවර බොහෝම ලස්සනයි. මේ උදේනි චෛත්‍යයත් හරීම ලස්සනයි. ගෝතමක කියන චෛත්‍යයත් හරීම ලස්සනයි. සත්තම්බක චෛත්‍යයත් හරීම ලස්සනයි. බහුපුත්තක චෛත්‍යයත් හරිම ලස්සනයි. මේ සාරන්දද කියන චෛත්‍යයත් හරිම ලස්සනයි. ඒ වගේම මේ චාපාලක චෛත්‍යයත් හරිම ලස්සනයි. මේ ඔක්කෝම හරිම ලස්සනයි..."

"පින්වත් ආනන්ද, යම්කිසි කෙනෙක් සතර ඉර්ධි පාද... ඒ කියන්නේ ඡන්ද, චිත්ත, විරිය, වීමංසා කියන හතර මනාකොට පුරුදු පුහුණු කළා නම්, යානාවක් මෙන් ප්‍රගුණ කළා නම්, බොහෝ කොට පුරුදු කළා නම්, බොහෝ කොට දියුණු කළා නම්, වැඩුවා නම් ඒ කෙනාට කැමති නම් ආයුෂ කල්පයක් හෝ කල්පයකට ටිකක් වැඩියෙන් හෝ ජීවත් වෙන්න පුළුවන්. **(යස්ස කස්සචි ආනන්ද චත්තාරෝ ඉද්ධිපාදා භාවිතා බහුලීකතා යානිකතා වත්ථු**

කතා අනුට්ඨිතා පරිචිතා සුසමාරද්ධා සෝ ආකංඛමානෝ කප්පං වා තිට්ඨෙය්‍ය කප්පාවසේසං වා) පින්වත් ආනන්දය, තථාගතයන් වහන්සේ මේ ඉර්ධි පාද හතරම මනාකොට ප්‍රගුණ කරලා දියුණු කරලයි තියෙන්නේ. තථාගතයන් වහන්සේට කැමති නම් ආයුෂ කල්පයක් හෝ කල්පයකට ටිකක් වැඩියෙන් ජීවත් වෙන්න පුළුවන්..."

අනඳ හිමියන්ගේ සිත පවිටු මරු වසා ගනී...

මේ ආකාරයට ගොරෝසු විදිහට කියද්දීත් ආනන්ද ස්වාමීන් වහන්සේට ඒ කාරණය කරන්න බැරුව ගියා. ඒ කියන්නේ "අනේ ස්වාමීනී, භාග්‍යවතුන් වහන්ස, කල්පයක් වැඩසිටින සේක්වා...! සුගතයන් වහන්සේ කල්පයක් වැඩ සිටින සේක්වා...! බොහෝ ජනයාට හිත සුව පිණිස, යහපත පිණිස වැඩසිටින සේක්වා..." කියලා ආරාධනා කරන්න අනඳ තෙරුන්ට බැරි වුණා. මොකද මේ වෙලාවේ ආනන්ද ස්වාමීන් වහන්සේගේ සිත මාරයා විසින් වසා ගෙනයි සිටියේ.

උන්වහන්සේ නැවත වරක් පැවසුවා...

බුදුරජාණන් වහන්සේ ටික වෙලාවක් නිශ්ශබ්දව වැඩසිටියා. ඒත් ආනන්ද ස්වාමීන් වහන්සේගෙන් පිළිතුරක් ලැබුණේ නැහැ. උන්වහන්සේ නැවත වරක් වදාළා, "ආනන්දය, මේ විශාලා මහනුවර හරිම ලස්සනයි. මේ උදේනි චෛත්‍යයත් හරිම ලස්සනයි. ගෝතමක කියන චෛත්‍යයත් හරිම ලස්සනයි. සත්තම්බක චෛත්‍යයත් හරිම ලස්සනයි. බහුපුත්තක චෛත්‍යයත් හරිම ලස්සනයි. මේ සාරන්දද කියන චෛත්‍යයත් හරිම ලස්සනයි. ඒ වගේම මේ චාපාලක චෛත්‍යයත් හරිම ලස්සනයි. මේ ඔක්කෝම හරිම ලස්සනයි. පින්වත් ආනන්ද, යම්කිසි කෙනෙක්

සතර ඉර්ධිපාද... ඒ කියන්නේ ඡන්ද, චිත්ත, විරිය, වීමංසා කියන හතර මනාකොට පුරුදු පුහුණු කළා නම්, යානාවක් මෙන් ප්‍රගුණ කළා නම්, බොහෝ කොට පුරුදු කළා නම්, බොහෝ කොට දියුණු කළා නම්, වැඩුවා නම් ඒ කෙනාට කැමැති නම් ආයුෂ කල්පයක් හෝ කල්පයකට ටිකක් වැඩියෙන් ජීවත් වෙන්න පුළුවන්. ආනන්දය, තථාගතයන් වහන්සේ මේ ඉර්ධිපාද හතරම මනාකොට ප්‍රගුණ කරලා දියුණු කරලයි තියෙන්නේ. තථාගතයන් වහන්සේට කැමති නම් ආයුෂ කල්පයක් හෝ කල්පයකට ටිකක් වැඩියෙන් ජීවත් වෙන්න පුළුවන්..." මෙහෙම කියලා බුදුරජාණන් වහන්සේ නැවත වරක් නිශ්ශබ්ද වුණා. මේ වෙලාවේත් ආනන්ද ස්වාමීන් වහන්සේට කාරණය වැටහුණේ නැහැ. ආරාධනා කරන්න බැරුව ගියා.

අන්තිම ඉඟිය...

ඊට පස්සේ බුදුරජාණන් වහන්සේ ස්වල්ප වේලාවකට පසු තුන්වෙනි වතාවටත් අර විදිහටම පැවසුවා, "ආනන්දය, විශාලා මහනුවර හරිම ලස්සනයි. සත්තම්බක චෛත්‍යයත් හරිම ලස්සනයි. බහුපුත්තක චෛත්‍යයත් හරිම ලස්සනයි. සාරන්දද චෛත්‍යයත් හරිම ලස්සනයි. ගෝතමක චෛත්‍යයත් හරිම ලස්සනයි. ආනන්ද, යම්කිසි කෙනෙක් මේ සතර ඉර්ධිපාද බහුල වශයෙන් වඩල තියෙනවා නම්, බොහෝ කලක් ප්‍රගුණ කරලා තියෙනවා නම් ඒ කෙනාට කැමැති නම් ආයුෂ කල්පයක් හෝ කල්පයකට ටිකක් වැඩි කාලයක් හෝ ජීවත් වෙන්න පුළුවන්. තථාගතයන් වහන්සේ මේවා බහුල වශයෙන් ප්‍රගුණ කරලයි තියෙන්නේ. ඒ නිසා තථාගතයන් වහන්සේට ආයුෂ කල්පයක් හෝ කල්පයකට ටිකක් වැඩියෙන් හෝ ජීවත් වෙන්න පුළුවන්."

මේ විදිහට තුන්වෙනි වතාවේ කියද්දීත්, ආනන්ද ස්වාමීන් වහන්සේට දෙව් මිනිසුන් වෙනුවෙන් ඒ ආරාධනාව කරන්න බැරි වුණා, "ස්වාමීනී, භාග්‍යවතුන් වහන්ස, කල්පයක් වැඩසිටින සේක්වා...! සුගතයන් වහන්සේ කල්පයක් වැඩසිටින සේක්වා...!" කියලා කියන්න බැරි වුණා. බුදුරජාණන් වහන්සේ ස්වල්ප වේලාවක් නිශ්ශබ්දව වැඩ ඉඳලා ආනන්ද ස්වාමීන් වහන්සේ පිටත් කර හැරියා. ආනන්ද ස්වාමීන් වහන්සේත් බුදුරජාණන් වහන්සේට වන්දනා කරලා, පැදකුණු කරලා, පිටත් වෙලා උන්වහන්සේට මඳක් දුරින් පිහිටි ගස් සෙවණක් යට වැඩසිටියා. ඉන් පසු අනඳ තෙරුන් සතර සතිපට්ඨානය වඩන්න ගත්තා.

මාරයාගේ ආයාචනාව...

මේ වෙලාවේ බුදුරජාණන් වහන්සේ ළඟට පව්ටු මාරයා ඇවිත් පෙනී සිටියා. පව්ටු මාරයා බුදුරජාණන් වහන්සේට මේ විදියට කියා සිටියා, "භාග්‍යවතුන් වහන්ස, දැන්වත් පිරිනිවන්පාන සේක්වා... **(පරිනිබ්බාතු දානි භන්තේ භගවා)** සුගතයන් වහන්සේ පිරිනිවන්පාන සේක්වා... **(පරිනිබ්බාතු සුගතෝ)** භාග්‍යවතුන් වහන්සේට පිරිනිවන්පාන කාලය තමයි දැන් එළැඹිලා තියෙන්නේ... **(පරිනිබ්බාන කාලෝ දානි භන්තේ භගවා)**

අතීතයේ දවසක් මෙහෙම කිව්වා ඔබට මතකද...?

"ස්වාමීනී, භාග්‍යවතුන් වහන්ස, මේ වගේ දෙයක් ඔබවහන්සේ ප්‍රකාශ කරලා තියෙනවා. **(භාසිතා ඛෝ පනේසා භන්තේ භගවතා වාචා)** 'පව්ටු මාරය, මම එහෙම ලේසියෙන් පිරිනිවන් පාන්නේ නෑ. **(න තාවාහං**

පාපිම පරිනිබ්බායිස්සාමී) මාගේ භික්ෂු, භික්ෂුණී, උපාසක, උපාසිකා කියන ශ්‍රාවකයෝ ව්‍යක්ත, විශාරද, බහුශ්‍රැත, ධර්මධර, විනයධර, ධම්මානුධම්මපටිපන්න, සාමීචිපටිපන්නව, අනුධම්මචාරීව වාසය කරනවා නම්, ඒ වගේම මේ ධර්ම මාර්ගය නිවැරදිව ඉගෙන ගෙන දේශනා කරනවා නම්, උපන්නා වූ ධර්මයට විරුද්ධ මතිමතාන්තර යටපත් කරලා ධර්මය ඔසවා තබන්න සමර්ථ වෙනවා නම්, ප්‍රාතිහාර්ය සහිතව ධර්මය දේශනා කරන තුරු **(සප්පටිහාරියං ධම්මං දේසෙස්සාන්තී' ති)** ඒ කියන්නේ අනුශාසනා ප්‍රාතිහාර්ය කරනා තුරු මම පිරිනිවන් පාන්නේ නෑ...' කියලා." එහෙනම් දැන් අපට පේනවා බුදුරජාණන් වහන්සේ මේ විදිහේ දියුණුවක් බලාපොරොත්තු වුණේ පැවිදි ශ්‍රාවකයන්ගෙන් පමණක්ම නොවන බව. උන්වහන්සේ දේශනා කළ විදිහට ධර්ම විනය තුළ භික්ෂු, භික්ෂුණී, උපාසක, උපාසිකා කියන සිව්වනක් පිරිසම දක්ෂ විය යුතු බව මින් පැහැදිළි වෙනවා.

දැන් මේ ධර්මය ලෝකයේ පැතිරිලයි තියෙන්නේ...

ඊළඟට පවිටු මාරයා බුදුරජාණන් වහන්සේට මේ විදිහට පැවසුවා, "ස්වාමීනී, භාග්‍යවතුන් වහන්ස, දැන් මේ ධර්මය ලෝකයට ප්‍රකට වෙලයි තියෙන්නේ. දැන් මේ ධර්මය බොහෝ දෙනෙක් දන්නවා. දැන් දෙව් මිනිසුන් අතර මේ ධර්මය බොහෝ ප්‍රකට වෙලයි තියෙන්නේ. **(යාවදේව මනුස්සේහි සුප්පකාසිතන්ති)** ඒ නිසා මේ තමයි පිරිනිවන් පාන්න සුදුසු කාලය. දැන් භාග්‍යවතුන් වහන්සේ පිරිනිවන්පාන සේක්වා...! **(පරිනිබ්බාතු දානි භන්තේ භගවා)** සුගතයන් වහන්සේ දැන් පිරිනිවන්පාන

සේක්වා...! **(පරිනිබ්බාතු සුගතෝ)** භාග්‍යවත් බුදුරජාණන් වහන්සේට දැන් පිරිනිවන් පාන්න කාලයයි...! **(පරිනිබ්බාණ කාලෝ දානි භන්තේ භගවතෝ'ති)** බුදුරජාණන් වහන්සේ චාපාල චෛත්‍යස්ථානයේදී සතර ඉර්ධිපාද පිළිබඳ ආනන්ද ස්වාමීන් වහන්සේට තුන් වරක් දක්වාම පවසද්දීත් උන්වහන්සේ දැනසිටියා අනඳ තෙරුන්ගේ සිත මාරයා විසින් වසාගෙන සිටි බව. නමුත් භාග්‍යවතුන් වහන්සේගේ සත්‍යවාදී ස්වභාවය බලන්න. උන්වහන්සේ තමන් වහන්සේගේ ජීවිතය උදෙසාවත් අනඳ තෙරුන්ට ඒ බව පැවසුවේ නෑ.

තථාගතයන් වහන්සේ වැඩඉන්නේ තව සුළු කාලයයි...

ඉන් අනතුරුව බුදුරජාණන් වහන්සේ මේ විදිහට පවසා වදාළා, "පාපී මාරය, උඹ ඉතින් දැන් අමුතුවෙන් කලබල වෙන්න ඕන නෑ... **(අප්පොස්සුක්කෝ ත්වං පාපිම හෝහි)** තව සුළු කාලයකින් තථාගතයන් වහන්සේ පිරිනිවන් පානවා. **(නචිරං තථාගතස්ස පරිනිබ්බානං භවිස්සති)** මෙයින් මාස තුනක් ගෙවෙන තැන තථාගතයන් වහන්සේ පිරිනිවන් පානවා... **(ඉතෝ තිණ්ණං මාසානං අච්චයේන තථාගතෝ පරිනිබ්බායිස්සතී)**

ගෞතම බුදු සමිඳුන් ආයු සංස්කාර අත්හරී...

සුළු වේලාවකට පසු බුදුරජාණන් වහන්සේ මනා සිහි නුවණින් යුතුව ආයු සංස්කාර අත්හැර වදාළා. ඒ කියන්නේ එතැනින් එහාට පැවතීමට පුළුවන් හැකියාව සම්පූර්ණයෙන්ම අත්හැර දැමුවා කියන එකයි. උන්වහන්සේ ආයු සංස්කාර අත්හරින විට මුළු මහත් පොළෝ තලයම කම්පා වුණා. තදින්ම කම්පා වුණා. බලවත්ව කම්පා වුණා.

බිහිසුනු හඬක් පැතිර ගියා. එකපාරටම අකාලයේ වැහි පොද ඇද වැටුණා. මේ මොහොතේ ගෞතම බුදුරජාණන් වහන්සේ උදානයක් පහළ කළා,

තුලමතුලඤ්ච සම්භවං - භවසංඛාරමිවස්සජි මුනිං
අජ්ඣත්තරතෝ සමාහිතෝ - අභින්දි කවචමිවත්තසම්භවන්ති

"කුඩා වූ ද, මහත් වූ ද, යම් සංස්කාරයක් ඇද්ද, ඒ සියල්ලම බුදුරජාණන් වහන්සේ විසින් අත්හැරියා. තම ආධ්‍යාත්මයේ ඇති කරගත් නිවන කෙරෙහි ඇලුණ සිත් ඇති සමාහිත සිතින් යුතු බුදුරජාණන් වහන්සේ තමන් වහන්සේ පැළඳගෙන සිටිය යකඩ සන්නාහකයක් (ආරක්ෂිත හැට්ටයක්) සුනු විසුණු කර දමා ශරීරයෙන් ඉවත් කරන්නා සේ ආයු සංස්කාරය අත්හැර වදාළා."

පොළෝ තලය කම්පා වුණේ ඇයි...?

මේ මොහොත වන විට ආනන්ද ස්වාමීන් වහන්සේ බුදුරජාණන් වහන්සේට නුදුරින් පිහිටා තිබුණ රුක් සෙවණක සතිපට්ඨානය වඩමිනුයි සිටියේ. අනඳ තෙරුන්ට මේ කම්පනය තේරුණා. මේක මහා පුදුම සහගත දෙයක්ය කියලා හිතලා, උන්වහන්සේ බුදුරජාණන් වහන්සේ වෙත ගොස් මේ බව සැළ කර සිටියා, "ස්වාමීනී, භාග්‍යවතුන් වහන්ස, ටික වෙලාවකට කලින් මහා පුදුම සහගත දෙයක් සිදු වුණා. මේ මහා පොළෝ තලය කම්පා වුණා. තදින්ම කම්පා වුණා. බිහිසුණු හඬක් පැතිර ගියා. අකාලයේ වැසි පොද ඇද වැටුණා. ස්වාමීනී, මෙයට හේතුව කුමක්ද...?"

ජලය කම්පා වෙද්දී පොළව කම්පා වෙනවා...

"පින්වත් ආනන්දය, මේ පෘථුවිය කම්පනය වීමට හේතු අටක් තියෙනවා. මේ මහා පෘථුවිය ජලය

මතයි පිහිටලා තියෙන්නේ. ජලය පිහිටා තියෙන්නේ වාතය මතයි. වාතය පිහිටා තියෙන්නේ ආකාශය මතයි. ආනන්දය, සමහර කාලවලදී අකාශයේ තිබෙන වාතය කැළඹෙනවා. මේ විදියට කැළඹෙද්දී ජලය කම්පා වෙලා යනවා. ජලය කම්පා වෙනකොට පෘථුවිය කම්පා වෙනවා. මේ තමයි පෘථුවිය කම්පා වෙන පළමුවැනි හේතුව..."

ඉර්ධිමත් අයත් පොළොව හොල්ලනවා...

"පින්වත් ආනන්දය, මේ ලෝකයේ සිටිනවා ඍද්ධිමත් ශ්‍රමණ බ්‍රාහ්මණවරු. ඒ පිරිස පඨවි සංඥාව සුළු වශයෙන් වඩලා, ආපෝ සංඥාව අප්‍රමාණ විදිහට වඩනවා. අන්න ඒ පිරිසට පුළුවන් වඩන ලද්දා වූ ආපෝ සංඥාව මත පඨවි සංඥාව කම්පා කරන්න. මේ තමයි පෘථුවිය කම්පා විය හැකි දෙවෙනි හේතුව..."

පොළොව කම්පා වෙන්න තව හේතු තියෙනවා...

"පින්වත් ආනන්ද, යම් දවසක බෝධිසත්වයන් වහන්සේ තුසිත දිව්‍ය ලෝකයෙන් නික්මිලා මව් කුසේ පිළිසිඳ ගන්නවාද, අන්න එදාටත් පොළොව කම්පා වෙනවා. යම් දවසක මනා සිහි නුවණින් යුතුව බෝසතාණන් වහන්සේ මව් කුසෙන් බිහි වෙනවාද, එදාටත් පොළොව කම්පා වෙනවා. පින්වත් ආනන්දය, තථාගතයන් වහන්සේ යම් අනුත්තර වූ සම්මා සම්බෝධියක් අවබෝධ කරගන්නවාද, එදාටත් පොළොව කම්පා වෙනවා. තථාගතයන් වහන්සේ අනුත්තර වූ දම්සක් සූත්‍රය පවත්වනවාද, එදාටත් පොළොව කම්පා වෙනවා. තථාගතයන් වහන්සේ මනා සිහි නුවණින් යුතුව ආයු සංස්කාරය අත්හරිනවාද, එදාටත් මේ පොළොව

කම්පා වෙනවා. පින්වත් ආනන්ද, තථාගතයන් වහන්සේ අනුපාදිසේස පරිනිබ්බාණ ධාතුවෙන් පිරිනිවන් පානවාද, අන්න එදාටත් මේ මහා පොළෝ තලය කම්පා වෙනවා...” කියලා භාග්‍යවතුන් වහන්සේ දේශනා කොට වදාළා.

මාරයා තමයි චතුරාර්ය සත්‍යයට විරුද්ධ...

ආනන්ද ස්වාමීන් වහන්සේට එසැණින්ම මේ කරුණු අට තේරුම් ගියා. මේ වෙලාවේ බුදුරජාණන් වහන්සේ ආනන්ද ස්වාමීන් වහන්සේට මේ විදිහට පවසා වදාළා, “පින්වත් ආනන්ද, මම බුද්ධත්වයට පත්වුණ මුල් කාලයේ දවසක් උරුවේල ජනපදයේ ‘අජපාල’ නිග්‍රෝධ මූලයේ වැඩහිටියා. මේ මොහොතේ පවිටු මාරයා මා ඉදිරියේ පෙනී සිට මේ විදිහේ ආරාධනයක් කළා, “දැන් භාග්‍යවතුන් වහන්සේට පිරිනිවන් පාන්න මොහොත ඇවිල්ලයි තියෙන්නේ. දැන් සුගතයන් වහන්සේ පිරිනිවන් පාන කාලයයි...”

එක්තරා බුද්ධ දේශනාවක තියෙනවා බුදුරජාණන් වහන්සේ බුද්ධත්වය ලැබූ විගසම මාරයා උන්වහන්සේ ඉදිරියේ පෙනී ඉඳලා, “ස්වාමීනී, භාග්‍යවතුන් වහන්ස, ඔබවහන්සේ ගිහි ගෙයින් නික්මුණ දිනයේ සිට අද දක්වා යමක් හොයාගෙන ගියාද, ඒ දේ දැන් ඔබවහන්සේට මුණ ගැහුණා. දැන් ඉතින් ඔබවහන්සේ නිවන් සුව විඳිමින් ඉන්න. මේ ලෝකයාට ධර්මය දේශනා කරන්න එපා...” කියලා. මාරයාගේ මේ ප්‍රකාශයෙන් අපට එක් කාරුණක් පැහැදිළිවම තේරුම් ගන්න පුළුවන්. මේ මාර බලවේගය විරුද්ධ චතුරාර්ය සත්‍ය අවබෝධයටමයි.

ශ්‍රාවකයන් දක්ෂ වෙනකම්ම පිරිනිවන් පාන්නේ නෑ...

ඉතින් බුදුරජාණන් වහන්සේ ආනන්ද ස්වාමීන් වහන්සේට තවදුරටත් මේ විදිහට වදාළා, "ආනන්දය, එදා මම පවිටු මාරයාට මේ විදිහට ප්‍රකාශ කළා, "එම්බා පවිටු මාරය, මම මගේ ශාසනයේ භික්ෂු, භික්ෂුණී, උපාසක, උපාසිකා කියන සිව්වණක් පිරිස ව්‍යක්ත, විශාරද, විනීත, බහුශ්‍රැත, ධර්මධර, ධම්මානුධම්ම ප්‍රතිපදාවෙන් යුක්ත වෙනකල්ම, ඒ චතුරාර්ය සත්‍ය ධර්මය මනාකොට දේශනා කරමින් යන, උපන්නා වූ වාදයන් යටපත් කරලා, ප්‍රාතිහාර්යන් සහිතව ධර්මය දේශනා කරන්න පුළුවන් වෙනකල්ම මේ ශාසනය මනාකොට දෙවි මිනිසුන් අතර ප්‍රකට වෙනකල්ම පිරිනිවන් පාන්නේ නෑ..."

තව තුන් මාසයයි...

"ආනන්දය, අද දින මාරයා මා ඉදිරියේ පෙනී ඉඳලා මා හට මෙවැනි ආකාරයේ ආරාධනයක් කළා, "භාග්‍යවතුන් වහන්ස, දැන් පිරිනිවන් පාන්න කාලයයි. සුගතයන් වහන්ස, දැන් පිරිනිවන් පාන්න කාලයයි. භාග්‍යවතුන් වහන්සේ දැන් පිරිනිවන් පානා සේක්වා..." ආනන්ද, මම මාරයාට මෙවැනි ප්‍රකාශයක් කළා. එම්බා පවිටු මාරය, නුඹ මහන්සි ගන්න ඕන නෑ. නොබෝ කලකින්ම තථාගතයන් වහන්සේ පිරිනිවන් පානවා. තව තුන් මාසයක් ඇවෑමෙන් තථාගතයන් වහන්සේ පිරිනිවන් පානවා..."

අනඳ හිමියන්ගේ ඇස් ඇරුණා...

"ආනන්දය, චාපාල චෛත්‍යස්ථානයේදී තථාගතයන් වහන්සේ සිහි නුවණින් යුතුව ආයු සංස්කාරය අත්හැර

වදාළා.” මේ මොහොතේ ආනන්ද ස්වාමීන් වහන්සේ බුදුරජාණන් වහන්සේ ඉදිරියේ වැඳ වැටුණා. “ස්වාමීනී, භාග්‍යවතුන් වහන්ස, කල්පයක් වැඩසිටින සේක්වා... සුගතයන් වහන්සේ කල්පයක් වැඩසිටින සේක්වා... බොහෝ ජනයාට හිත සුව පිණිස, යහපත පිණිස, දෙව් මිනිසුන්ගේ හිත සුව පිණිස, කල්පයක් වැඩසිටින සේක්වා...”

ආනන්ද, ඔබ පමා වුණා වැඩියි...

“පින්වත් ආනන්ද, වැඩක් නෑ. තථාගතයන් වහන්සේට දැන් ආයාචනා කරන්න එපා. **(අලං ආනන්ද මා තථාගතං යාච)** දැන් තථාගතයන් වහන්සේට ආයාචනා කිරීමට කාලය නොවෙයි.” **(අකාලෝ දානි ආනන්ද තථාගතං යාචනායාති)** ආනන්ද ස්වාමීන් වහන්සේ දෙවෙනි වතාවටත් ඉල්ලා සිටියා. නැවත වතාවක් ආරාධනය කළා. නමුත් බුදුරජාණන් වහන්සේ අර විදිහටම ආරාධනය ප්‍රතික්ෂේප කළා. තුන්වෙනි වරටත් ආනන්ද ස්වාමීන් වහන්සේ බුදුරජාණන් වහන්සේගෙන් ආයාචනා කර සිටියා, “අනේ ස්වාමීනී, භාග්‍යවතුන් වහන්ස, කල්පයක් වැඩසිටින සේකවා... සුගතයන් වහන්ස කල්පයක් වැඩසිටින සේක්වා... බොහෝ ජනයාට හිත සුව පිණිස යහපත පිණිස කල්පයක් වැඩසිටින සේක්වා...” මේ මොහොතේ බුදුරජාණන් වහන්සේ ආනන්ද ස්වාමීන් වහන්සේගෙන් මේ විදිහට විමසා වදාළා, “ආනන්දය, ඔබ තථාගතයන් වහන්සේගේ අවබෝධය අදහනවාද...?” **(සද්දහසි ත්වං ආනන්ද තථාගතස්ස බෝධිංති)** ‘එහෙමයි ස්වාමීනී’. “එහෙනම් ඇයි මේ ඔබ තථාගතයන් වහන්සේව මේ තරම් පෙළන්නේ...?” **(කිඤ්චරහි ත්වං ආනන්ද තථාගතං යාවතතියකං අභිනිප්පීළේස්ති)**

මාරයා අනඳ හිමියන්ව අත්හැරියා...

මේ මොහොතේ ආනන්ද ස්වාමීන් වහන්සේ මේ විදියට පැවසුවා, "ස්වාමීනී, භාග්‍යවතුන් වහන්ස, මම අහලා තියෙනවා... යමෙක් සතර ඉර්ධිපාද මනාකොට ප්‍රගුණ කරලා නම් තියෙන්නේ, බහුල වශයෙන් දියුණු කරලා නම් තියෙන්නේ, වඩලා නම් තියෙන්නේ, ඒ කෙනාට කල්පයක් හෝ ඊට වැඩි කාලයක් හෝ ජීවත් වෙන්න පුළුවන් කියලා. තථාගතයන් වහන්සේ මේ ඉර්ධිපාද හතර මනාකොට දියුණු කරලා පුරුදු පුහුණු කරලයි තියෙන්නේ. ඒ නිසා තථාගතයන් වහන්සේට කල්පයක් හෝ ඊට වැඩි කාලයක් වුණත් ජීවත් වෙන්න පුළුවන් කියලා මම අහලා තියෙනවා..." මේ මොහොතේ මාරයා ආනන්ද ස්වාමීන් වහන්සේගේ වහගෙන හිටපු හිත අත්හැර දැමුවා. දැන් මාරයාට වුවමනා දේ කරගෙන ඉවරයි.

මේකට වරදකරු ඔබමයි ආනන්ද...

බුදුරජාණන් වහන්සේ මේ විදිහට වදාළා, "මේ වරද සිදුවුණේ ඔබටමයි. ඔබටමයි මේ අපරාධය සිද්ධ වුණේ. **(තුයිහ චේතං දුක්කටං. තුයිහ චේතං අපරද්ධං)** මම මේ විදිහට ඕළාරික නිමිති පෙන්වා දෙද්දීත් ඔබට මේක අවබෝධ කරගන්න බැරි වුණා. **(යං ත්වං තථාගතේන ඒවං ඕළාරිකේ නිමිත්තේ කයිරමානේන)** ඔබ තථාගතයන් වහන්සේගෙන් ඉල්ලා හිටියේ නෑ. ඉල්ලා හිටියා නම්, පළමුවෙනි වතාවේ තථාගතයන් වහන්සේ මේක ප්‍රතික්ෂේප කරනවා. දෙවෙනි වතාවේ ඉල්ලා හිටියා නම්, තථාගතයන් වහන්සේ ඒ වතාවේ දීත් ඒ ඉල්ලීම ප්‍රතික්ෂේප කරනවා. නමුත් තුන්වෙනි වතාවේදී ඔබ ඉල්ලා සිටියා

නම්, තථාගතයන් වහන්සේ ඒ ඉල්ලීම පිළිගන්නවා. ඒ නිසා ආනන්ද ඔබේමයි වැරැද්ද..."

"පින්වත් ආනන්ද, ඔබට මතකද මම මේක මීට බොහෝ කාලයකට කලින් ඔබට පවසා තිබෙනවා... ආනන්ද, ඔබට මතකද මම රජගහ නුවරදී එක් වතාවක් මේක දේශනා කළා. "ආනන්ද, මේ රජගහ නුවර හරිම රමණීයයි. මේ ගිජ්ඣකූටයත් හරිම රමණීයයි. ඔබට මතකද මම ඒ විදිහට දේශනා කළා...? යම් කෙනෙක් සතර ඉර්ධිපාද වඩලා තියෙනවා නම් ඒ කෙනාට අවශ්‍ය නම් කල්පයක් හෝ කල්පයකට වැඩි කාලයක් ඉන්න පුළුවන් කියලා මම ඔබට කිව්වා මතකද...?" මේ වෙලාවේ බුදුරජාණන් වහන්සේ ආනන්ද ස්වාමීන් වහන්සේට එකින් එක මතක් කළා, වරකට තුන බැගින් දහසය වතාවක් මෙම ප්‍රකාශය ස්ථාන දහසයකදී දේශනා කොට වදාළ බව. ඉතින් මේකෙන් පැහැදිලි වෙනවා මාරයාගේ තියෙන බලවත්කම.

ප්‍රිය මනාප දේවල්වලින් වෙන් වෙන්න සිදුවෙනවා...

ඉන් අනතුරුව බුදුරජාණන් වහන්සේ වදාළා, "ආනන්ද, ඔබට මතක නැද්ද මේ ධර්මයේ තියෙනවා ප්‍රියමනාප සියලු දෙයින්ම වෙන් වෙන්න සිදුවෙනවා කියන ධර්මතාවය ඔබ දන්නේ නැද්ද...? **(සබ්බේහේව පියෙහි මනාපේහි නානාභාවෝ විනාභාවෝ අඤ්ඤථාභාවෝ)** මේ හටගත්තු සියලු දේ නැතිවෙලා විනාශ වෙලා යෑම නිසා, 'අපි එහෙම වෙන්න එපා' කියලා කිව්ව පලියට ඒ දේ නොවී තියෙන්නේ කොහොමද...? ' මේවා විනාශ වෙන්න එපා' කියලා ප්‍රාර්ථනා කරපු පළියට ඒවා ලබා

ගන්න බෑ. **(තං වතමා පලුජ්ජති නේතං ඨානං විජ්ජති)** ඒ නිසා ආනන්දය තථාගතයන් වහන්සේ යම් දෙයක් වමනය කළාද, ඒ දෙය ආපහු ගන්නේ නෑ.

බුදු සසුන පවතින්නේ මේ මතයි...

"ආනන්දය, මේ මහ වනයේ කූටාගාර ශාලාවේ යම්තාක් භික්ෂූන් වහන්සේලා වැඩසිටිනවාද, ඒ සියලු භික්ෂූන් මෙතනට රැස්කරන්න..." ආනන්ද ස්වාමීන් වහන්සේ ඒ භික්ෂූන් වහන්සේලාව උපස්ථාන ශාලාවට රැස්කළා. බුදුරජාණන් වහන්සේගේ අවසන් අවදියේදී උන්වහන්සේ දේශනා කරන ලද ධර්මයේ ඇති ප්‍රබලකම මෙවැනි ස්ථානවලදී දේශනා කරන ලද දේශනාවන්වලදී අපට හොඳින් පැහැදිළි වෙනවා.

බුදුරජාණන් වහන්සේ උපස්ථාන ශාලාවට රැස් වූ භික්ෂු සංඝයා අමතා මේ විදිහට වදාළා, "පින්වත් මහණෙනි, මා විසින් අවබෝධයෙන්ම දේශනා කරන ලද ධර්මය ඔබ දූන් හොඳින් දන්නවා. ඒවා හොඳට ඉගෙන ගන්න... **(යේ වෝ සාධුකං උග්ගහෙත්වා)** හොඳට පුරුදු කරන්න... **(ආසේවිතබ්බා)** වඩන්න... **(භාවේතබ්බා)** බහුල වශයෙන් ප්‍රගුණ කරන්න... **(බහුලීකාතබ්බා)** එතකොට තමයි මේ ශාසනය බොහෝ කාලයක් පවතින්නේ... අන්න එතකොට තමයි බොහෝ දෙනාගේ හිත සුව පිණිස යහපත පිණිස පවතින්නේ..." **(යථයිදං බ්‍රහ්මචරියං අද්ධනීයං අස්ස චිරට්ඨිතං)**

"පින්වත් මහණෙනි, ඔබ මනාකොට ඉගෙන ගත යුතු ධර්මයක් මෙන්න තියෙනවා." **(කතමේ ච තේ භික්ඛවේ ධම්මා මයා අභිඤ්ඤා දේසිතා)** සතර සතිපට්ඨානය, **(චත්තාරෝ සතිපට්ඨානා)** සතර සම්‍යක්පධාන වීර්යය,

(චත්තාරෝ සම්මප්පධානා) සතර ඉර්ධිපාද, **(චත්තාරෝ ඉද්ධිපාදා)** සද්ධා, විරිය, සති, සමාධි, පඤ්ඤා කියන ඉන්ද්‍රිය ධර්ම පහ, **(පඤ්චින්ද්‍රියානි)** සද්ධා, විරිය, සති, සමාධි, පඤ්ඤා කියන පංච බල, **(පඤ්ච බලානි)** සති, ධම්මවිචය, විරිය, පීති, පස්සද්ධි, සමාධි, උපේක්ඛා කියන බොජ්ඣංග ධර්ම හත, **(සත්ත බොජ්ඣංගා)** ආර්ය අෂ්ටාංගික මාර්ගය **(අරියෝ අට්ඨංගිකෝ මග්ගෝ)** කියන මේ සත්තිස් බෝධිපාක්ෂික ධර්ම තමයි මා ඔබට ඉගැන් වූ ඒ ශ්‍රී සද්ධර්මයේ අඩංගු වී තිබෙන්නේ. මේ සත්තිස් බෝධිපාක්ෂික ධර්මය තමයි ඔබ මනාකොට ඉගෙන ගෙන ප්‍රගුණ කළ යුතු වන්නේ. අන්න එතකොට තමයි මේ බුද්ධ ශාසනය බොහෝ කාලයක් පවතින්නේ...

මහණෙනි, මම ඔබ අත්හැරලා යනවා...

බුදුරජාණන් වහන්සේ භික්ෂු සංඝයා අමතා මේ විදියට පවසා වදාළා, "මේ සංස්කාර නැසී යන සුළුයි... **(වයධම්මා සංඛාරා)** අප්‍රමාදීව මේ ධර්මයේ හැසිරෙන්න... **(අප්පමාදේන සම්පාදේථ)** තව සුළු කාලෙකින් තථාගතයන් වහන්සේ පිරිනිවන් පානවා..." **(න චිරං තථාගතස්ස පරිනිබ්බානං භවිස්සති)** මෙසේ වදාළ භාග්‍යවත් බුදුරජාණන් වහන්සේ තවදුරටත් මෙසේ ද වදාළා,

"**(පරිපක්කෝ වයෝ මයිහං)** මම දැන් හොඳටම වයසට ගිහින්... **(පරිත්තං මම ජීවිතං)** මගේ ජීවිතය තව තියෙන්නේ ටික කාලයයි... **(පහාය වෝ ගමිස්සාමි)** මහණෙනි, මම ඔබ අත්හැර යනවා... **(කතම්මේ සරණ මත්තනෝ)** මම මට පිහිට සලසගත්තා... **(අප්පමත්තා සතිමන්තෝ)** අප්‍රමාදී ව සිහියෙන් යුතුව ඉන්න... **(සුසීලා හෝථ භික්ඛවෝ)** මහණෙනි, සිල්වත් වෙන්න... **(සුසමාහිත සංකප්පෝ)** හොඳට කල්පනාව තැන්පත් කරගන්න...

(සචිත්ත මනුරක්ඛථ) තමන්ගේ හිත රැකගන්න... **(යෝ ඉමස්මිං ධම්ම විනයේ)** යමෙක් මේ ධර්ම විනය තුළ... **(අප්පමත්තෝ විහෙස්සති)** අප්‍රමාදීව වෙහෙස මහන්සි වෙලා, ධර්මයේ හැසිරෙනවා නම්... **(පහාය ජාති සංසාරං)** ඉපදෙන මැරෙන සංසාරය අත්හැර දමලා... **(දුක්ඛස්සන්තං කරිස්සති)** මේ දුක අවසන් කරලා, අමා මහ නිවන කරාම යනවා...

විශාලා මහනුවර දෙස බලන්නේ අන්තිම වරටයි...

බුදුරජාණන් වහන්සේ විශාලා මහනුවරින් පිටත් වුණා. උන්වහන්සේ විශාලා මහනුවර දෙස නාගාවලෝකනයෙන් හැරී බැලුවා. ඒ කියන්නේ දූවැන්ත හස්ථි රාජයෙක් තමන්ගේ මුළු සිරුරම හරවලා බලනවා වගේ, බුදුරජාණන් වහන්සේ තමන් වහන්සේගේ සම්බුදු සිරුර මුළුමණින්ම හරවලා විශාලා මහනුවර දෙස නෙත් යොමු කළා. "පින්වත් ආනන්ද, මේ තමයි තථාගතයන් වහන්සේ විශාලා මහනුවර දකින අන්තිම අවස්ථාව..." මෙහෙම කියලා උන්වහන්සේ එතැනින් පිටත්වෙලා 'භණ්ඩ' ග්‍රාමයට වැඩියා. එතැනදී බුදුරජාණන් වහන්සේ භික්ෂූන් වහන්සේලාට මේ විදිහට දේශනා කොට වදාළා, "පින්වත් මහණෙනි, මේ දීර්ඝ සංසාරය පුරාවට අපට සැරිසරන්න සිදුවුණේ කරුණු හතරක් අවබෝධ කරගන්න බැරිවීම නිසයි. ඒ තමයි ආර්ය සීල, ආර්ය සමාධි, ආර්ය ප්‍රඥා සහ ආර්ය විමුක්ති කියන මෙන්න මේ කරුණු හතරයි..." භණ්ඩ ග්‍රාමයෙන් පිටත් වුණ බුදුරජාණන් වහන්සේ එතැනින් නික්මිලා, හස්ථි ග්‍රාමයටත් එතැනින් අම්බ ග්‍රාමයටත් එතැනින් ජම්බු ග්‍රාමයටත් පිටත් වෙලා, ජම්බු ග්‍රාමයෙන් බෝග නගරය බලා පිටත් වී වදාළා.

එහිදී ආනන්ද චෛත්‍යස්ථානයේ වැඩසිටිය බුදුරජාණන් වහන්සේ භික්ෂු සංඝයා අමතා මේ විදිහට ධර්මය දේශනා කළා.

භික්ෂුවක් වුණත් කියන්නේ හරි දෙයක්ද...?

බුදුරජාණන් වහන්සේ මෙහි දී මහාපදේශ හතරක් දේශණා කොට වදාළා. පළවෙනි මහාපදේශය තමයි, "ආනන්දය, භික්ෂුවක් මෙන්න මේ විදිහට කියන්න පුළුවන්. 'මම මේ කාරණය බුදුරජාණන් වහන්සේගෙන් මයි අසා දැනගත්තේ... උන්වහන්සේ සමීපයේ මයි මම මේ කාරණය ඉගෙන ගත්තේ...' කියලා කියන්න පුළුවන්. නමුත් ආනන්ද, ඒ කාරණය එකපාරටම පිළිගන්නත් එපා. ප්‍රතික්ෂේප කරන්නත් එපා. හොඳට අහගෙන ඉඳලා සූත්‍ර දේශනාවටත්, විනයටත් සසඳා බලන්න. සැසඳෙන්නේ නැත්නම්, 'මේක නම් වරදවා ගත්ත දෙයක්ය...' කියලා ඉවත දමන්න. සැසඳෙනවා නම් පමණක් 'මේ දේ හරි දෙයක්ය...' කියලා පිළිගන්න" කියලා උන්වහන්සේ වදාළා.

පිරිසක් මෙහෙම කියාගෙන යයි...

"ආනන්දය, සමහර විට ආවාසයක සංඝයා හැටියට පිරිසක්, 'මේ තමයි ධර්මය... මේ තමයි විනය... මේ තමයි ශාස්තෘ ශාසනය...' කියලා සම්මත කරගන්න පුළුවන්. ඊට පස්සේ මේ කාරණය සංඝයා සම්මත කරගෙන පිළිගත්ත කියලා කවුරුවත් එකපාරටම පිළිගන්න එපා. හැබැයි ප්‍රතික්ෂේප කරන්නත් එපා. ඒ කාරණය හොඳට අහගෙන, දැනගෙන සූත්‍ර දේශනාවත් එක්ක ගලපා බලන්න. විනයත් එක්ක ගලපා බලන්න. මේ විදිහට සූත්‍ර විනයත් එක්ක සසඳද්දී සැසඳෙන්නේ නැත්නම්, 'මේක නම් බුද්ධ වචනයක් නොවෙයි...' කියලා බැහැර කර දමන්න.

'මේක නම් බුදුරජාණන් වහන්සේට සම්බන්ධ දෙයක් නෙවෙයි...' කියලා බැහැර කර දමන්න. නමුත් සූත්‍ර විනයත් එක්ක සසඳද්දී, සැසඳිලා යනවා නම් ඒ කාරණය බුද්ධ දේශනාවක් මයි කියලා පිළිගන්න..."

ලොකු ලොකු අයත් මෙහෙම කියයි...

බුදුරජාණන් වහන්සේ වදාළා, "ආනන්ද, සමහර තැනක ඉන්න පුළුවන් 'තමන් හොඳට ධර්මධරය... උගත්ය...' කියලා කියාගන්න බොහෝ ස්ථවිර තෙරුන්. (උපසම්පදා වී වස් දහයකට වැඩි) ඒ පිරිසත් කියනවා, 'මේ තමයි ධර්මය... මේ තමයි විනය... මෙයයි ශාස්තෘ ශාසනය...' කියලා. නමුත් ඒ කාරණය එකපාරටම පිළිගන්න එපා. ප්‍රතික්ෂේප කරන්නත් එපා. හොඳට අහගෙන ඉඳලා සූත්‍රයත්, විනයත් එක්ක හොඳින් ගලපා බලන්න. සූත්‍රයත් විනයත් එක්ක ගැලපෙන්නේ නැත්නම්, 'මේ දෙය බුද්ධ වචනයක් නම් නොවෙයි...' කියලා බැහැර කර දමන්න. නමුත් සූත්‍රයත්, විනයත් එක්ක සසඳද්දී මනාකොට සැසඳිලා යනවා නම්, 'මේ පිරිස දේශනා කරන්නේ පිරිසිදු බුද්ධ වචනය මයි...' කියලා නිශ්ඨාවකට පැමිණිලා පිළිගන්න..."

ඔන්න තනියම එක්කෙනෙක් කෑ ගහනවා...

සමහර ආවාසයක ඉන්න පුළුවන් ස්ථවිර තෙර නමක්. මේ කෙනා පිරිස අතර හොඳින් ධර්ම විනය දන්නා කෙනෙක් කියලා ප්‍රසිද්ධ වෙලා ඉන්න පුළුවන්. නමුත් මේ කෙනා කියනවා නම්, 'මේ තමයි ධර්මය... මේ තමයි විනය... මේ තමයි ශාස්තෘ ශාසනය...' කියලා, මෙයා කොතරම් දක්ෂයෙක් වුණත් ඒ දේ එකපාරටම පිළිගන්න එපා. නමුත් ප්‍රතික්ෂේප කරන්නත් එපා. මේ

කෙනා කියන කරුණු සූත්‍ර දේශනාවත්, විනය දේශනාවත් එක්ක හොඳින් සසඳා බලන්න. මේ විදිහට සසඳද්දී මනාකොට සැසඳී යන්නේ නැතිනම්, 'මේ ස්ථවිර තෙරුන් වහන්සේට නම් වැරදිලා... මේ නම් පිරිසිදු බුද්ධ වචනය නෙවෙයි...' කියලා ප්‍රතික්ෂේප කර දමන්න. නමුත් සූත්‍ර විනයත් සමඟ සසඳද්දී සූත්‍ර විනයට එකඟ කරුණක් නම්, 'මේ කියන්නේ ඒ කාරණය පිරිසිදු බුද්ධ දේශනාවක් මයි...' කියලා පිළිගන්න..."

අරයා මෙහෙම කියනවා... මෙයා මෙහෙම කියනවා...

බුදුරජාණන් වහන්සේ දේශනා කළේ සූත්‍ර විනයට සසඳන්න කියලා මිසක්, ගෙඩි පිටින් ගිලින්න කියලා නෙවෙයි. මොකද මම එහෙම කියන්නේ? මගේ ළඟට එනවා, එක එක්කෙනා කියපු දේවල් ගෙඩි පිටින් ගිලපු අය. ඒවා දිරවගන්න බැරුව ප්‍රශ්න එවනවා. 'ස්වාමීනී, අරක මෙහෙමද? මේක මෙහෙමද? මේක කොහොමද? එහෙමද ධර්මයේ උගන්වන්නේ? අරයා මෙහෙම කියනවා. ඒත් ඔබවහන්සේ මෙහෙම කියනවා.' දැන් බලන්න, බුදුරජාණන් වහන්සේ දේශනා කළේ සූත්‍රයත් එක්ක, විනයත් එක්ක සසඳද්දී මනාකොට සැසඳිලා යනවා නම්, අන්න එවිට ඒ දේ පිළිගන්න... සැසඳෙන්නේ නැතිනම් 'ඒ කාරණය බුද්ධ වචනයක් නොවේය' කියලා බැහැර කර දමන්න කියලයි. අන්න ඒක තමයි හරි වැරැද්ද තෝර ගන්න අපට තියෙන ලොකුම හයිය.

චුන්දගේ දානය...

ඉතින් අපායුරුව බුදුරජාණන් වහන්සේ නැවත වතාවක් දේශනා කළා, 'මේ තමයි සීලය... මේ තමයි

සමාධිය... මේ තමයි ප්‍රඥාව...' ඉන් අනතුරුව බුදුරජාණන් වහන්සේ එතැනින් පිටවෙලා 'පාවා' කියන නගරයට වැඩම කළා. පාවා කියන නගරයේ හිටපු චුන්දකම්මාර පුත්‍රයාට ආරංචි වුණා. බුදුරජාණන් වහන්සේ තමන්ගේ අඹ වනයේ වැඩඉන්නවා කියලා. ඊට පස්සේ චුන්දකම්මාර පුත්‍රයා භාග්‍යවතුන් වහන්සේ වෙතට ගොස් උන්වහන්සේට මේ විදියට ආරාධනා කළා, "ස්වාමීනී, භාග්‍යවතුන් වහන්ස, හෙට දවසේ භාග්‍යවත් බුදුරජාණන් වහන්සේ භික්ෂු සංඝයා සමඟ මාගේ නිවසට දානයට වැඩම කරවන සේක්වා..." බුදුරජාණන් වහන්සේ ඒ ආරාධනාව පිළිගත්තා.

සූකර මද්දවය හැමෝටම දිරවන්නේ නෑ...

බුදුරජාණන් වහන්සේ චුන්දකම්මාර පුත්‍රයාගේ නිවසට දානය පිණිස වැඩම කොට වදාළා. චුන්ද විසින් බුදුරජාණන් වහන්සේට දානය පිළිගන්වන කොට උන්වහන්සේ වදාලා, "පින්වත් චුන්ද, ඔබ යම් සූකර මද්දවයක් පිළියෙල කරලා තියෙනවා නම්, ඒක තථාගතයන් වහන්සේට පමණක් පිළිගන්වන්න. අනිකුත් වළඳන දේවල් භික්ෂු සංඝයාට පිළිගන්වන්න. චුන්ද, වැළඳීමෙන් පසු යම් සූකරමද්දවයක් ඉතිරි වූවා නම්, ඒ දේ වළලා දමන්න. නැත්නම් ප්‍රපාතයකට දමන්න. පින්වත් චුන්ද, මේ දෙවියන්, මරුන් සහිත, ශ්‍රමණ බ්‍රාහ්මණයන් සහිත, දෙව් මිනිස් ප්‍රජාව තුළ මෙය වළඳලා මනාකොට දිරවනවා කියලා කියනවා නම්, තථාගතයන් වහන්සේ හැර ඒ සඳහා සුදුසු කෙනෙක් මම දකින්නේ නෑ..." 'එසේය ස්වාමීනී' කියලා චුන්ද බුදුරජාණන් වහන්සේ වදාළ ආකාරයටම සිදුකළා.

හදිසියේම කලන්තයක් ...

බුදුරජාණන් වහන්සේට හදිසියේම මරාන්තික වේදනා ඇති කරන දරුණු රෝගාබාධයක් හටගත්තා. උන්වහන්සේ බොහෝම සිහියෙන් යුතුව ඒ වේදනාවන් ඉවසා වදාළා, "ආනන්දය, දැන් ඉතින් අපි වඩිමු. අපි කුසිනාරාව බලා පිටත් වෙමු..." කුසිනාරාව බලා වඩින ගමනේ අතරමගදී බුදුරජාණන් වහන්සේට කලන්තයක් හැදුණා. "පින්වත් ආනන්ද, ඉක්මණට මේ දෙපොට සිවුර හතරට නමලා බිම ආසනයක් පණවන්න... ආනන්දය, මට කලන්තෙයි වාඩිවෙන්න ඕන..."

උන්වහන්සේට බලවත් පිපාසයක්...

ඊට පස්සේ බුදුරජාණන් වහන්සේ ආනන්ද ස්වාමීන් වහන්සේ අමතා මේ විදිහට වදාළා, "පින්වත් ආනන්ද, ඉක්මණින් ගිහිල්ලා පැන් ටිකක් අරගෙන එන්න... පින්වත් ආනන්ද, මට හරි පිපාසයි. පැන් වළඳන්න ඕන..." ආනන්ද ස්වාමීන් වහන්සේ බුදුරජාණන් වහන්සේගේ පාත්‍රයත් අරගෙන අසල තිබුණු දොළපාර වෙතට ගියා.

අනඳ හිමියෝ හිස් පාත්‍රය පිටින්ම පැමිණෙයි...

දොල පාර අසලට යද්දී උන්වහන්සේ දැක්කා ඒ දොලපාර හරහා කරත්ත පන්සියයක් ගිහිල්ලා, වතුර හොඳටම මඩ වෙලා. ඊට පස්සේ ආනන්ද ස්වාමීන් වහන්සේ හිස් පාත්‍රය පිටින්ම ආපහු බුදුරජාණන් වහන්සේ ළඟට පැමිණියා. "ස්වාමීනී, කරත්ත පන්සියයක් මේ දැන් දොළ පහර මැදින් ගියා විතරයි. ඒ නිසා ස්වාමීනී වතුර ඔක්කෝම මඩ වෙලා. ස්වාමීනී, 'කකුත්ථා' කියන නදිය

මේ ළඟ මයි තියෙන්නේ. භාග්‍යවතුන් වහන්ස, එතැන වතුර බොහෝම අගෙයි. රමණීයයි. හොඳ තොටුපළකුත් තියෙනවා. වතුරට බහින්න පුළුවන් තැන් තියෙනවා. ස්වාමීනී, එතැනින් අපට පැන් වළඳන්නත් පුළුවනි. ඇඟපත සෝදාගන්නත් පුළුවනි." බුදුරජාණන් වහන්සේ වදාළා, "පින්වත් ආනන්ද, මට පැන් ටිකක් අරගෙන එන්න. ආනන්ද, මට හරිම පිපාසයි. පැන් අරගෙන එන්න..."

කකුත්ථා කියන නදියට ටික දුරයි නේ...

ඊට පස්සේ බුදුරජාණන් වහන්සේට ආනන්ද ස්වාමීන් වහන්සේ නැවත වතාවක් අර විදිහටම කකුත්ථා නදිය ගැන පැවසුවා, "ස්වාමීනී, මේ දොලේ පැන් ඔක්කෝම මඩ වෙලා. කකුත්ථා නදියට ඒ තරම් දුරක් නෑ. එතැනදී අපට පැන් වළඳන්නත් පුළුවන්. ඇඟපත සෝදාගන්නත් පුළුවන්. බුදුරජාණන් වහන්සේ තුන්වෙනි වතාවටත් පැවසුවා, "ආනන්ද, මට පිපාසයි. පැන් ටිකක් අරගෙන එන්න. පැන් වළඳන්න ඕන..."

වතුර පෑදිලා, නිල් කැටය වගේ...

ආනන්ද ස්වාමීන් වහන්සේ පාත්‍රයත් අරගෙන, නැවත වතාවක් දොලපාර අසලට වැඩියා. උන්වහන්සේ දැක්කා වතුර සියල්ල පෑදිලා, නිල්පාටට දිළිසෙමින් තිබෙනවා. "තථාගතයන් වහන්සේගේ මහා ඉර්ධිමත් බව නම්, මහානුභාව සම්පන්න බව නම් ආශ්චර්යයි... අත්භූතයි.... කරත්ත පන්සියයක් ගිහිල්ලා මඩ වෙලා තිබුණ මේ දොළ පාර, මේ තරම් සුළු කාලයකදී නිල්පැහැ ගැන්විලා ශාන්තව ගලා බසිනවා..." ආනන්ද ස්වාමීන් වහන්සේ පාත්‍රයට පැන් පුරවාගෙන බුදුරජාණන් වහන්සේ වෙත ගොස් පූජා කළා. "භාග්‍යවතුන් වහන්සේ පැන්

වළඳන සේක්වා... සුගතයන් වහන්සේ පැන් වළඳන සේක්වා..." බුදුරජාණන් වහන්සේ පැන් වැළඳුවා. පැන් වළඳා උන්වහන්සේ විවේකීව වෙහෙස නිවෙන තෙක් නිශ්ශබ්දව වැඩසිටියා.

ආළාරකාලාම දක්ෂයෙක්...

බුදුරජාණන් වහන්සේ භික්ෂු සංඝයා සමඟ විවේකීව වැඩ සිටිද්දී ආළාරකාලාමගේ ශ්‍රාවකයෙක් වූ 'පුක්කුසමල්ල' කියන කුමාරයා පිරිසක් සමඟ දුර ගමනක් යද්දී ශාන්ත ඉරියව්වෙන් යුතුව නිශ්ශබ්දව වැඩ සිටින බුද්ධ ප්‍රමුඛ මහා සඟරුවන දැක පුදුමයටත් සතුටටත් පත් වුණා. ඊට පස්සේ බුදුරජාණන් වහන්සේ වෙතට පැමිණ උන්වහන්සේට මේ විදියට පැවසුවා, "ස්වාමීනී, භාග්‍යවතුන් වහන්ස, අශ්චාර්යයි... අද්භූතයි... මේ පැවිදි උතුමන් වහන්සේලාගේ සන්සුන් ශාන්ත ජීවිතය නම් පුදුම සහගතයි...

ස්වාමීනී, භාග්‍යවතුන් වහන්ස, ආළාරකාලාමත් ඔය වගේමයි. ස්වාමීනී, මම අහලා තියෙනවා ආළාරකාලාම ඔය වගේම දවසක් භාවනාවෙන් වැඩසිටිද්දී පාර අයිනෙන් කරත්ත පන්සියයක් ගමන් කළා. මේ කරත්ත පන්සියයෙන් නැගුණ දූවිල්ලෙන් එතුමාගේ ශරීරය වැහිලා ගියා. ඒත් තමන් අසලින් කරත්ත පන්සියයක් ගිය බව වත් තමන්ගේ ශරීරය දූවිල්ලෙන් වැසී ගිය බව වත් එතුමා දැනගෙන හිටියේ නෑ. මේ කරත්ත පන්සියය ගමන් කළායින් අනතුරුව මෙම ස්ථානයට පැමිණි මිනිසෙක් ආළාරකාලාමගෙන් මේ විදිහට ඇහුවා, "ස්වාමීනී, මෙතැනින් දැන් කරත්ත පන්සියයක් ගියා. ඔබ දැක්කාද...?" 'මම දැක්කේ නෑ.' "ඔබට නින්ද ගිහින්ද තිබුණේ...?" 'නෑ. ඔහේට පිස්සුද? මට නින්ද

ගියේ නෑ...' ඊට පස්සේ ඒ මිනිසා ආළාරකාලාමගෙන් මේ විදියට ඇහුවා, "එතකොට නොනිදාම ඇහැරගෙන සිටිත් දීම කරත්ත පන්සියයක් ළඟින් යනවා ඔබට ඇහුණේ නැද්ද? මේක නම් හරිම පුදුම සහගතයි නේ..."

ගොවියෝ දෙන්නයි... හරක් බාන් දෙකයි...

පුක්කුසමල්ල මේ විදියට පවසද්දී බුදුරජාණන් වහන්සේ පුක්කුසමල්ලගෙන් මෙවැනි ආකාරයේ ප්‍රශ්ණයක් විමසා වදාළා, "පින්වත් පුක්කුස, ඔබම කල්පනා කරලා බලන්න. වඩාත්ම පුදුම සහගත වන්නේ කෝකද...? කියලා. ඔන්න මහ හයියෙන් වැස්සක් වහිනවා. මහ හඬින් හෙණ පුපුරණවා. මෙන්න මේ හෙණ පහර ඇහෙන්නේ නැතිව සමාධියේ ඉන්න පුළුවන්ය කියන එකද? එහෙම නැත්නම් කරත්ත පන්සියයක් යද්දීත්, සමාධියේ ඉන්න පුළුවන් කියන එකද, වඩාත්ම පුදුම සහගත වන්නේ....?" "ස්වාමීනි, ඒක තමයි පුදුම සහගතම කාරණය..."

"පුක්කුස, මම ආතුමා කියන නගරයේ කාලයක් පිදුරු කුටියක වාසය කළා. මේ පිදුරු කුටිය පිටිපස්සේ කුඹුරක් තිබුණා. එදා හොඳටම වැස්ස දවසක්. හොඳටම වැහැලා හෙණ පහරක් වැදිලා, මේ කුඹුරේ හිටපු ගොවියන් දෙදෙනෙකුත්, හරක් බාන් දෙකකුත්, ඒ කියන්නේ හරක් හතර දෙනෙකුත් මරණයට පත්වුණා. වැස්ස අවසන් වූවායින් පස්සේ මේ ස්ථානයට මහා සෙනඟක් රැස් වෙලා හිටියා. මම කුටියෙන් එළියට බහිද්දී මට දැක ගන්න ලැබුණා රැස්ව සිටි මහා ජනකාය. "පින්වත්නි, මේ මොකද...?" "ඇයි ස්වාමීනී, ඔබවහන්සේ දැක්කේ නැද්ද මහා වැස්සක් වැහැලා, පොළොව දෙදුරුම් කන්න තරම් හෙණ පුපුරලා, මේ කුටිය පිටිපස්සේ හරක් හතර දෙනෙකුයි, ගොවියන් දෙදෙනෙකුයි මරණයට පත්වුණා

කියලා...? "නෑ, මම දැක්කේ නෑ. මට ඇහුනේවත් නෑ." "ඔබවහන්සේ එහෙනම් නිදාගෙනද හිටියේ...?" "නෑ. මම නිදාගෙන නෙවෙයි හිටියේ." "එහෙනම් ඇහැරිලාද හිටියේ...?" "මම ඇහැරිලා තමයි හිටියේ...?" "ඔබවහන්සේ සිහියෙන්ද හිටියේ...?" ඔව්, මම සිහියෙන් තමයි සිටියේ..." බුදුරජාණන් වහන්සේ පුක්කුසමල්ලට උන්වහන්සේ එදා වැඩසිටි සමාධියේ බලවත්කම විස්තර කළේ මේ ආකාරයටයි.

ආළාරකාළාම පරාදයි...

මේ අවස්ථාවේදී පුක්කුසමල්ලට බොහෝම සතුටක් ඇතිවුණා. ඇති වෙලා බුදුරජාණන් වහන්සේට මේ විදිහට පැවසුවා, "ස්වාමීනී, මේ තරම් ශාන්ත විහරණ ඇතිව ඉන්නවා නම් ඒකාන්තයෙන්ම ආශ්චර්යයි. ස්වාමීනී, භාග්‍යවතුන් වහන්ස, මාගේ මේ වස්ත්‍රය පිළිගන්නා සේක්වා..." මෙහෙම කියලා ඔහු තමා අත තිබුණ රන් නූලෙන් වියන ලද වස්ත්‍ර දෙකක් බුදුරජාණන් වහන්සේට පූජා කළා. උන්වහන්සේ වදාළා, "පින්වත් පුක්කුස, මේ එක වස්ත්‍රයක් ආනන්දට දෙන්න. අනෙක් වස්ත්‍රයෙන් තථාගතයන් වහන්සේ පුදන්න..." ඊට පස්සේ ඔහු එක් වස්ත්‍රයක් බුදුරජාණන් වහන්සේටත්, අනෙක් වස්ත්‍රය ආනන්ද ස්වාමීන් වහන්සේටත් පූජා කරලා බුදුරජාණන් වහන්සේට වන්දනා කරලා එතැනින් පිටව ගියා.

ආශ්චර්යමත් රැස් වළල්ලක්...

ආනන්ද ස්වාමීන් වහන්සේ එක් වස්ත්‍රයක් බුදුරජාණන් වහන්සේට පොරවා, අනෙක් වස්ත්‍රය උන්වහන්සේගේ කර උඩින් පෙරෙව්වා. එකපාරටම උන්වහන්සේගේ ශරීරය දිළිසෙන්නට පටන් ගත්තා.

උන්වහන්සේගේ සම්බුදු සිරුර ගිනි අඟුරු පැහැති රශ්මියකින් දිළිහෙන්නට පටන් ගත්තා. "ස්වාමීනී, භාග්‍යවතුන් වහන්ස, මෙවැනි ආකාරයෙන් දිළිහෙන, මෙවැනි ගිනි අඟුරු පැහැයෙන් දිළෙන රශ්මියක් තථාගතයන් වහන්සේගෙන් විහිදෙනවා මම මීට කලින් කවදාවත් දැකලා නෑ. මේක නම් ආශ්චර්යක්. ස්වාමීනී, මේක නම් මහා පුදුමයක්." "පින්වත් ආනන්දය, අවස්ථා දෙකකදී සම්බුදු සිරුරින් මේ ආකාරයේ ආලෝකයක් විහිදෙනවා. මේ ආකාරයේ ගිනි අඟුරු පැහැති රශ්මියක් විහිදෙනවා. පළමු අවස්ථාව තමයි... යම් රාත්‍රියක තථාගතයන් වහන්සේ අනුත්තර වූ සම්මා සම්බෝධිය අවබෝධ කරනවාද, අන්න එදා මේ ආකාරයෙන් සම්බුදු සිරුර දිළිසෙනවා. දෙවැනි අවස්ථාව තමයි... යම් රාත්‍රියක පශ්චිම යාමයේ තථාගතයන් වහන්සේ පිරිනිවන් පානවාද, එදාටත් සම්බුදු සිරුරින් මේ ආකාරයේම රශ්මියක් තමයි විහිදෙන්නේ..."

මේ උන්වහන්සේගේ අන්තිම රාත්‍රියයි...

"ආනන්දය, තථාගතයන් වහන්සේ අද පශ්චිම යාමයේ කුසිනාරා නුවර මල්ල රජ දරුවන්ගේ 'උපවර්තන' කියන සාල වන උද්‍යානයේදී අනුපාදිසේස පරිනිර්වාණ ධාතුවෙන් පිරිනිවන් පානවා..." මෙසේ වදාළ බුදුරජාණන් වහන්සේ ආනන්ද ස්වාමීන් වහන්සේට අමතා වදාළා, "ආනන්දය, දැන් එහෙනම් අපි කකුත්ථා නදිය ළඟට යමු..." මෙසේ පැවසූ බුදුරජාණන් වහන්සේ භික්ෂු සංඝයා සමඟ කකුත්ථා නදිය වෙතට වැඩම කළා. කකුත්ථා නදියට බැස උන්වහන්සේ පැන් පහසුවෙලා, සිහිල් පැන් වළඳලා නැවත වරක් ගොඩට පැමිණියා. ගොඩට පැමිණි විගසම උන්වහන්සේට නැවත වරක් ක්ලාන්තයක් හැදුණා.

උන්වහන්සේ ළඟ වැඩසිටියේ චුන්ද ස්වාමීන් වහන්සේයි. "චුන්දය, මාගේ දෙපට සිවුර හතරට නමලා ආසනයක් පණවන්න. තථාගතයන් වහන්සේට ක්ලාන්තයි... හාන්සි වෙන්න ඕන..."

චුන්දකර්මාර පුත්‍රයාගේ හිත සනසන්න ඕන...

ඉන් අනතුරුව බුදුරජාණන් වහන්සේ පණවන ලද ආසනයේ සැතපිලා, ආනන්ද ස්වාමීන් වහන්සේට කථා කළා, "ආනන්දය, චුන්දකර්මාර පුත්‍රයාට ශෝකයක්, කණගාටුවක්, පසුතැවීමක්, හිත් වේදනාවක් ඇති වෙන්න පුළුවන්. 'අනේ, මගේ දානය වළඳලා තථාගතයන් වහන්සේ පිරිනිවන් පානවා නේ...' කියලා. ඔබ චුන්දකර්මාර පුත්‍රයාගේ ඒ සැකය දුරු කරන්න ඕන. ආනන්ද, ඔබ ගිහින් චුන්දකර්මාර පුත්‍රයාට මේ විදිහට කියන්න..."

"පින්වත, ඔබට මහත් වූ ලාභයක්මයි සිදුවුණේ. තථාගතයන් වහන්සේ අවසන් වරට ඔබගේ දානය වළඳලා තමයි පිරිනිවන් පාන්නේ. මම තථාගතයන් වහන්සේගෙන් අසා දැනගෙන තිබෙනවා, මෙන්න මේ දාන දෙක මහාත්ඵලයි, මහානිසංසයි කියලා. පළමුවෙනි එක තමයි... යම් දානයක් වළඳලා බෝසතාණන් වහන්සේ සම්මා සම්බුද්ධත්වයට පත්වෙනවාද, අන්න ඒ දානය මහත්ඵලයි, මහානිසංසයි. දෙවැනි එක තමයි යම් දානයක් වළඳලා තථාගතයන් වහන්සේ පිරිනිවන් පානවාද, අන්න ඒ දානයත් මහත්ඵලයි, මහානිසංසයි කියලා. පින්වත් චුන්ද, මෙන්න මේ දාන දෙක ආයුෂ, වර්ණ, සැප, යසස, අධිපති බව කියන කරුණු පහ බහුල ලෙස ලැබෙන්නා වූ මහානීය වූ පින්කමක් කියලා හිතලා සතුටට පත්වෙන්න..."

සල් මල් එක... දෙක... ඇද වැටේ...

ඉන් අනතුරුව බුදුරජාණන් වහන්සේ කකුත්ථා නදිය අසලින් පිටත් වී 'හිරඤ්ඤවතී' කියන නදිය වෙත ගොස්, එම නදියෙන් එතෙර වී කුසිනාරා නුවර 'උපවර්තන' කියන මල්ල රජ දරුවන්ගේ සාල වන උද්‍යානය වෙත වැඩම කොට වදාළා. සාල වනෝද්‍යානයේ දී බුදුරජාණන් වහන්සේ සුවිසල් ලෙස වැඩී ගිය, එක ළඟ පිහිටි සල් ගස් දෙකක් පෙන්වා මේ විදිහට පවසා වදාළා, "ආනන්දය, මෙන්න මේ සල් ගස් සෙවණේ උතුරු පැත්තට හිස ලා ඇඳක් පණවන්න. තථාගතයන් වහන්සේට ක්ලාන්තයි... ආනන්ද, මට හාන්සි වෙන්න ඕන..." ආනන්ද ස්වාමීන් වහන්සේ නිශ්ශබ්දවම ඒ සුවිශාල සල්ගස් දෙක අතර සැප පහසු ඇඳක් පැණෙව්වා. ඉන් පසු බුදුරජාණන් වහන්සේ එම සයනයේ සන්සුන් සිතින් යුතුව පයින් පය මනාකොට තබාගෙන සිහිනුවණ ඇතිව හාන්සි වුණා. ඒ වෙනකොට සල් ගස්වල අකාලයේ මල් පිපිලා බුදුරජාණන් වහන්සේගේ සම්බුදු සිරුර මතට එක දෙක හෙමි හෙමිහිට පාත් වෙමින් ඇද වැටෙන්නට පටන් අරගෙනයි තිබුණේ. ඒ සල් මල් සම්බුදු සිරුර සිප ගනිමින් පහළට ඇද වැටුණා. දිව්‍ය සුගන්ධයක් හාත්පස පැතිර ගියා. දිව්‍ය තූර්ය වාදනවලින් සහ දිව්‍ය බෙරවලින් නැගෙන ශෝකී ගී රාවයක් අවට පැතිර ගියා. අහස් කුස තුළින් ඇද වැටුණ දිව්‍ය මදාරා මල් එකින් එක පාත් වී සම්බුදු සිරුර හෙමින් සිප ගන්නට වුණා.

නියම පිදීම වන්නේ මෙයයි...

ආනන්ද ස්වාමීන් වහන්සේ මේ ආශ්චර්යමත් සිද්ධිය දැක බුදුරජාණන් වහන්සේට මේ විදිහට පැවසුවා,

"ස්වාමීනී භාග්‍යවතුන් වහන්ස, ආශ්චර්යයි, අද්භූතයි... මේක නම් අසිරිමත් දෙයක්... මේ සිද්ධ වෙන දේ නම් මට අදහා ගන්නවත් බෑ..." බුදුරජාණන් වහන්සේ වදාළා, "පින්වත් ආනන්ද, මේක තථාගතයන් වහන්සේට කරන නියම පූජාව නෙමෙයි. යම්කිසි කෙනෙක් තථාගතයන් වහන්සේ වදාළ ධර්මය ඉගෙන ගෙන, ඒ ධර්මයේ හැසිරෙනවා නම්, අන්න ඒක තමයි තථාගතයන් වහන්සේට කරන නියම පූජාව වන්නේ..."

උපවාන තෙරුන් සෙවණැල්ලක් වගේ...

මේ මොහොතේ 'උපවාන' කියන මහ රහතන් වහන්සේ බුදුරජාණන් වහන්සේට පවන් සලමිනුයි සිටියේ. හදිසියේම බුදුරජාණන් වහන්සේ උපවාන ස්වාමීන් වහන්සේ අමතා මේ විදිහට වදාළා, "පින්වත් උපවාන, ඔබ මෙතැනින් ඉවත් වෙන්න... ඔබ මා ළඟ ඉන්න එපා..." මේ වෙලාවේ ආනන්ද ස්වාමීන් වහන්සේට බුදුරජාණන් වහන්සේ වදාළ මේ කරුණේ අර්ථය වැටහුණේ නෑ. උන්වහන්සේ බුදුරජාණන් වහන්සේගෙන් මේ විදිහට විමසුවා, "ස්වාමීනී, භාග්‍යවතුන් වහන්ස, ඔබවහන්සේට බොහෝ කාලයක් මේ උපවාන ස්වාමීන් වහන්සේ උපස්ථාන කළා. සෙවණැල්ලක් වගේ ළඟින්ම හැසිරුණා. ඇයි භාග්‍යවතුන් වහන්සේ මෙවැනි අවස්ථාවක උන්වහන්සේව ඉවත් කළේ කියා මා හට තේරුම් ගන්න බෑ..."

දෙවිවරුන් හට සමිඳුන් නොපෙනී යයි...

"පින්වත් ආනන්ද, මේ වෙනකොට මුළු මහත් දස සහස්සී ලෝක ධාතුවෙන්ම දෙවිවරුන් ඇවිල්ලා මේ ස්ථානයේ රැස්වෙලා සිටිනවා. ඉදිකටු තුඩක ඉඩක්වත්

සොයාගන්න පුළුවන්කමක් නෑ. යොදුන් දහයක් පුරාවටම දෙව්වරු රැස්වෙලා සිටිනවා. මහේශාක්‍ය දෙව්වරු වගේම අල්පේශාක්‍ය දෙව්වරුත් දුර සිටම ඇවිල්ලා සිටිනවා. ඒ දෙව්වරු අහස් කුසේ වැඩසිටිමින්ම වේදනාවෙන් කෑගහනවා. විලාප තියනවා, 'අනේ... අපට දැන්වත් තථාගතයන් වහන්සේව දැකගන්න විදිහක් නෑ... මේ මහා බල සම්පන්න භික්ෂුව තථාගතයන් වහන්සේ ළඟින්ම වැඩසිටින නිසා අපට උන්වහන්සේගේ දර්ශනය අවසන් වරටවත් දැකගන්න පුළුවන් කමක් නෑ' කියලා. එහෙනම් අපට පේනවා උපවාන ස්වාමීන් වහන්සේගේ ආනුභාවයෙන් දෙව්වරුන්ට පවා තථාගතයන් වහන්සේව දර්ශනය වෙලා නෑ. ඉතින් ඔවුන් 'උපවාන තේරුන්ව ඉවත් කරන්න...' කියලා බුදුරජාණන් වහන්සේගෙන් ඉල්ලා සිටියා. අන්න ඒ වෙලාවේ තමයි බුදුරජාණන් වහන්සේ ඒ විදිහට උපවාන තෙරුන්ව ඉවත් කොට වදාළේ.

සමහර දෙව්වරු හඬා වැළපුණා...

දෙව්වරුන් අතර පවා වීතරාගී දෙව්වරුන් ඉන්නවා. ඒ දෙව්වරුන් ආකාසේ රැස්වෙලා සිහි නුවණින් යුතුව, 'මේ සංස්කාර අනිත්‍යයි... ඒ නිසා හඬා වැළපීමෙන් මේවා කෙසේ නම් ලබන්නද...?' කියලා සිතමින් බුදුරජාණන් වහන්සේ දෙස වන්දනා කරමින් බලා සිටියා. අනෙක් දෙව්වරු, 'අනේ, භාග්‍යවතුන් වහන්සේ ඉතා ඉක්මණින් පිරිනිවන් පානවා... **(අතිඛිප්පං භගවා පරිනිබ්බායිස්සති)** සුගතයන් වහන්සේ ඉතා ඉක්මණින් පිරිනිවන් පානවා... **(අතිඛිප්පං සුගතෝ පරිනිබ්බායිස්සති)** අනේ, මේ ලෝකයට තිබුණ එකම ඇහැ ඉතා ඉක්මණින් අතුරුදහන් වෙනවා...' **(අතිඛිප්පං චක්ඛු ලෝකේ අන්තරධායිස්සති)** කියලා හඬා වැළපෙන්න වුණා.

සංවේග විය යුතු තැන්...

ඉන් අනතුරුව බුදුරජාණන් වහන්සේගෙන් ආනන්ද ස්වාමීන් වහන්සේ මේ විදිහට විමසුවා, "ස්වාමීනී, භාග්‍යවතුන් වහන්ස, භික්ෂූන් වහන්සේලාට භාග්‍යවත් බුදුරජාණන් වහන්සේව බැහැදකින්න ඇවිල්ලා, සිල්වතුන් ගුණවතුන් ආශ්‍රය කිරීම සඳහා නිරන්තරයෙන් හැකියාව ලැබෙනවා. ඉතින් බුදුරජාණන් වහන්සේ පිරිනිවන් පෑවට පසු මේ විදිහට එක තැනකට එකතු වෙලා සිල්වතුන් ගුණවතුන් වහන්සේලාව ආශ්‍රය කිරීමට ඇති හැකියාව නැතිවෙලා යනවා..."

ඉන් අනතුරුව බුදුරජාණන් වහන්සේ මේ විදිහට වදාළා, "පින්වත් ආනන්ද, ශ්‍රද්ධාවන්ත කුලපුත්‍රයාට දැක බලා සංවේගය ඇති කරගත යුතු තැන් හතරක් තිබෙනවා. 'මෙතැනයි තථාගතයන් වහන්සේ ඉපදුණේ...' (**ඉධ තථාගතෝ ජාතෝ**) කියලා, ඒ ස්ථානය දැක බලාගෙන සංවේගයක් ඇති කරගන්නවා. 'මෙතැන තමයි තථාගතයන් වහන්සේ අනුත්තර වූ සම්මා සම්බුද්ධත්වය අවබෝධ කරගත්තේ...' (**ඉධ තථාගතෝ අනුත්තරං සම්මා සම්බෝධිං අභිසම්බුද්ධෝ**) කියලා සංවේගයට පත්වෙනවා. 'මෙතැන තමයි තථාගතයන් වහන්සේ අනුත්තර වූ දම්සක් පැවතුම් සූත්‍රය දේශනා කොට වදාළේ...' (**ඉද තථාගතේන අනුත්තරං ධම්මචක්කං පවතිතංති**) කියලා සංවේගයට පත් වෙන්න ඕන. 'මෙතැන තමයි තථාගතයන් වහන්සේ අනුපාදිසේස පරිනිබ්බාණ ධාතුවෙන් පිරිනිවන් පෑවේ...' (**ඉධ තථාගතෝ අනුපාදිසේසාය නිබ්බාණ ධාතුයා පරිබ්බුතෝ**) කියලා සංවේගයට පත්වෙන්න ඕන. මෙන්න මේ තැන් හතර තමයි දැක බලා සංවේගයට පත්විය යුත්තේ..."

සිත පහදවාගෙන වන්දනා කළොත්...

ඉන් අනතුරුව බුදුරජාණන් වහන්සේ මේ විදිහට වදාළා, "මේ චෛත්‍යය චාරිකාවේදී පහන් සිතින් මරණයට පත් වුණොත්, අන්න ඒ කෙනා මරණින් මත්තේ සුගතියේ උපදිනවා..." **(චේතිය චාරිකං ආහිණ්ඩන්තා පසන්න චිත්තෝ කාලං කරිස්සන්ති සබ්බේ තේ කායස්ස භේදා පරම්මරණං සුගතිං සග්ගං ලෝකං උප්පජ්ජිස්සන්ති)** එහෙනම් මේ චෛත්‍යය චාරිකාවේ යමින් පහන් සිතින් මරණයට පත් වුණොත් තමයි සුගතියේ උපදින්නේ කියලා බුදුරජාණන් වහන්සේ දේශනා කළා. එහෙම නැතුව චෛත්‍යය චාරිකාවේ යන ගමන් සාරි ගැන කල්පනා කර කර, බඩු මුට්ටු ගැන කල්පනා කර කර නෙවෙයි යා යුත්තේ. ඒ නිසා චෛත්‍යය චාරිකාවේ යන්න ඕන වෙන කිසිම දෙයක් සිහි කරන්නේ නැතිව... බුදු ගුණ, දහම් ගුණ, සඟ ගුණ සිහි කර කර පහන් සිතින් යුතුවයි. අන්න එතකොට තමයි ඒ වන්දනාව මහත්ඵල මහානිශංස වෙන්නේ.

කාන්තාවන් ගැන මෙසේ කටයුතු කළ යුතුයි...

ඉන් අනතුරුව ආනන්ද ස්වාමීන් වහන්සේ බුදුරජාණන් වහන්සේගෙන් මේ විදිහට විමසුවා, "ස්වාමීනී, භාග්‍යවතුන් වහන්ස, කාන්තාවන් සම්බන්ධයෙන් පිළිපදින්න ඕන කොහොමද...?" "පින්වත් ආනන්ද, කාන්තාවන් නොදැක සිටින තරමට මයි හොඳ."

"ස්වාමීනී, කාන්තාවන් දකින්න ලැබුණොත් මොකද කරන්න ඕන...?" "ආනන්දය, කථා නොකර සිටීම මයි හොඳ..."

"ස්වාමීනී, කතා කරන්න සිදුවුණොත් මොකද කරන්නේ...?" "ආනන්ද, කාන්තාවක් සමග කථා කරන්න සිදුවුණොත් භික්ෂූන් වහන්සේලා මෙන්න මේ විදිහටයි සිහිය පිහිටුවා ගත යුත්තේ. 'මේ මගේ සහෝදරියක්... මේ මගේ අම්මා කෙනෙක්... මේ මගේ දරුවෙක්... මේ මගේ නෑයෙක්...' කියලා හිතාගෙන තමයි කථා කළ යුත්තේ."

තථාගත දේහයට ගෞරව කිරීම...

"ස්වාමීනී, භාග්‍යවතුන් වහන්ස, තථාගතයන් වහන්සේගේ සම්බුදු සිරුර ගැන අපි කොයි ආකාරයටද කටයුතු කරන්න ඕන...?" "ආනන්දය, ඔබලා ඒ සම්බන්ධයෙන් වෙහෙසෙන්න ඕන නෑ. ක්ෂත්‍රිය පණ්ඩිතවරු, ගෘහපති පණ්ඩිතවරු, බ්‍රාහ්මණ පණ්ඩිතවරු තථාගතයන් වහන්සේ කෙරෙහි බොහෝ සෙයින් පැහැදිලයි ඉන්නේ. අන්න ඒ අය තථාගතයන් වහන්සේගේ සම්බුදු සිරුරට අවසන් කටයුතු සිදුකරාවි. භික්ෂූන් වහන්සේලා සතිපට්ඨානය වඩමින් අප්‍රමාදීව කල් ගෙවන්න ඕන..."

ඉන්පසු ආනන්ද ස්වාමීන් වහන්සේ සම්බුදු සිරුරේ අවසන් කටයුතු කරන ආකාරය බුදුරජාණන් වහන්සේගෙන් විමසා වදාළා, "ආනන්දය, තථාගතයන් වහන්සේගේ සම්බුදු සිරුර සක්විති රජ කෙනෙකුගේ සිරුරක් ආදාහනය කරන පරිද්දෙන්... පළමුව ශරීරය සිනිඳු සළුවකින් මනාකොට වෙළලා, රන් දෙනක ගිල්වලා, සුවඳ තෙලින් ඒ රන් දෙන පුරවලා, තවත් රන් දෙනකින් වහලා, යම්තාක් සුවඳ දර ඇද්ද, ඒ සුවඳ දරවලින් මේ රන් දෙන ආදාහනය කළ යුතුයි..." යනුවෙන් බුදුරජාණන් වහන්සේ පවසා වදාළා.

අනඳ තෙරුන් හඬා වැළපෙයි...

බුදුරජාණන් වහන්සේ මේ අවස්ථාවේදී චෛත්‍යය තනා වන්දනා කළ යුතු පුද්ගලයෝ (චෛත්‍යයෝපහාර පුද්ගලයින්) හතර දෙනෙක් පෙන්වා වදාළා. ඒ තමයි තථාගත බුදුරජාණන් වහන්සේ, පසේ බුදුරජාණන් වහන්සේ, රහතන් වහන්සේ සහ සක්විති රජතුමා. ඊළඟට මේ විස්තරය කරගෙන යද්දී ආනන්ද ස්වාමීන් වහන්සේ පිරිස අතරින් වෙන් වුණා. උන්වහන්සේ විහාරය පිටිපස්සට ගොස් විහාරයේ වූ කණුවක් බදාගෙන හඬා වැළපෙන්න පටන් ගත්තා... විලාප තියන්න පටන් ගත්තා... 'අනේ... මම තවම මේ මාර්ගය සම්පූර්ණ කරගෙන නෑ. මට බොහෝ සෙයින් අනුකම්පා කරපු, මට දයානුකම්පාව දක්වපු මාගේ ශාස්තෘන් වහන්සේ... මාගේ කළ්‍යාණ මිත්‍රයන් වහන්සේ... අනේ! අද දින පිරිනිවන් පානවා නේ...' කිය කියා උන්වහන්සේ හඬා වැළපෙන්න පටන් ගත්තා.

ආනන්ද, වැළපිලා පලක් නෑ...

මේ අතරේ බුදුරජාණන් වහන්සේට පිරිස අතර අඩුවක් පෙනුණා. උන්වහන්සේට තේරුණා ආනන්ද ස්වාමීන් වහන්සේ භික්ෂු සංඝයා අතර නොමැති බව. "පින්වත් මහණෙනි, ආනන්ද කෝ...?" භික්ෂූන් වහන්සේලා මෙසේ පිළිතුරු දුන්නා, "අනේ ස්වාමීනී, ආනන්ද ස්වාමීන් වහන්සේ විහාරයේ පිටි පස්සේ කණුවේ එල්ලිලා හඬා වැළපෙනවා... හොඳටම හඬා වැළපෙනවා..." ඊට පස්සේ බුදුරජාණන් වහන්සේ වදාළා, "මහණෙනි, ආනන්දට එන්න කියන්න..."

ආනන්ද ස්වාමීන් වහන්සේ හැඬූ කඳුලින් යුතුවම බුදුරජාණන් වහන්සේ වෙත පැමිණ වන්දනා කොට

පැත්තකින් ඉඳ ගත්තා. "පින්වත් ආනන්ද, ශෝක කරන්න එපා...! ආනන්ද, වැළපෙන්න එපා...! ප්‍රිය මනාප වූ හැම දෙයකින්ම අපට වෙන් වෙන්න සිදුවෙනවා... ප්‍රිය මනාප හැම දෙයක්ම අපට අත්හරින්න සිදුවෙනවා... ඔබ බොහෝ කාලයක් තථාගතයන් වහන්සේට මෛත්‍රී වචී කර්ම, මෛත්‍රී කාය කර්ම, මෛත්‍රී මනෝ කර්මවලින් ඇප උපස්ථාන කළා. ඒ නිසා ආනන්ද, ඔබ කණගාටුවට පත්වෙන්න එපා... ආනන්ද, වීරිය ම කරන්න. ඔබ සුළු කලෙකින් නිකෙලෙස් කෙනෙක් බවට පත් වෙනවා..." **(ත්වං ආනන්ද පධාන මනුයුඤ්ජථ ඛිප්පං හෝහිසි අනාසවෝ)** ඉන් අනතුරුව බුදුරජාණන් වහන්සේ ආනන්ද ස්වාමීන් වහන්සේ තුළ පැවති ගුණ පිළිබඳ වර්ණනාවක් කොට වදාළා.

කුඩා නගරයක පිරිනිවන් පාන්නේ ඇයි...?

ඉන් අනතුරුව ආනන්ද ස්වාමීන් වහන්සේ බුදුරජාණන් වහන්සේගෙන් මේ විදිහට විමසුවා, "ස්වාමීනී, මේ වගේ කුඩා නගරයක ඔබවහන්සේ පිරිනිවන් පාන්න තීරණය කළේ ඇයි...? චම්පා නුවර, රජගහ නුවර, සැවැත් නුවර, සාකේත නුවර, කෝසම්බි නුවර, බරණැස් නුවර වගේ මහා නගර තිබෙද්දී, ඒ වගේ නගරයක පිරිනිවන් පාන්න තිබුණා නේ. එතකොට බොහෝ පිරිසකට පින් රැස් කරගන්න හැකියාවක් ලැබෙනවා නේද...?"

මේ නගරයත් ඉස්සර මහා රාජ්‍යයක්...

"හා... හා... ආනන්ද, එහෙම කියන්න එපා...! මේක පොඩි නගරයක් නෙවෙයි. මින් පෙර බොහෝ කාලයකට ඉහත 'මහා සුදස්සන' කියන චක්‍රවර්ති රජ්ජුරුවෝ රජකම් කරපු නගරය තමයි මේ නගරය. එදා සුදස්සන නමින් සක්විති රජ පදවියට පත්වෙලා රජකම් කළේ, අද

ඔබ ඉදිරියේ පිරිනිවන් මංචකයේ වැඩසිටින 'ගෞතම' බුදුරජාණන් වහන්සේයි..." ඉන් අනතුරුව බුදුරජාණන් වහන්සේ මේ විදිහටත් වදාළා, "ආනන්දය, ඔබ කුසිනාරා නුවර මල්ල රජ දරුවන්ට පණිවිඩයක් අරගෙන යන්න, 'අද රාත්‍රියේ තථාගතයන් වහන්සේ ඔබේ නුවර පිහිටි උපවර්තන සල් උයනේදී පිරිනිවන් පානවා...' කියලා ඔවුන්ට දන්වා සිටින්න. එසේ නැතිනම් 'තමාගේ නුවර, තමාගේම සල් උයනේදී තුන් ලොවක් සනසවමින් වැඩසිටිය ඒ බුදුරජාණන් වහන්සේ පිරිනිවන්පාලත්, උන්වහන්සේට අවසන් වරට වන්දනා කිරීමට නොහැකි වුණා නේ' කියලා ඔවුන් පසුතැවිලිවන්න පුළුවන්..." ඉන් අනතුරුව මල්ල රජ පිරිස් භාග්‍යවතුන් වහන්සේව බැහැ දකින්න පැමිණියා. ඔවුන් සියලුදෙනා තථාගතයන් වහන්සේ අසල වැඳ වැටී හඬා වැළපෙන්න පටන් ගත්තා, 'ලෝකයේ එකම ඇස අතුරුදහන් වෙනවා...' කියලා වැඳ වැටෙන්න පටන්ගත්තා.

සුභද්‍ර මා වෙහෙස වන්න නෙවෙයි හදන්නේ...

මේ අතරේ බුදුරජාණන් වහන්සේව දැකගන්න 'සුභද්‍ර' කියලා පරිබ්‍රාජකයෙක් සල් උයනට පැමිණියා. "අනේ මගේ හිතේ බොහෝම සැක සංකා තියෙනවා... බුදුරජාණන් වහන්සේ පිරිනිවන් පාන්න කලින් මට මේ සැක සංකා විමසලා නිරවුල් කරගන්න ඕන. ඒ නිසා මට බුදුරජාණන් වහන්සේ ළඟට යන්න ඉඩ දෙන්න..." නමුත් ආනන්ද ස්වාමීන් වහන්සේ, "සුභද්‍ර, යන්න එපා... තථාගතයන් වහන්සේට වෙහෙසයි... තථාගතයන් වහන්සේව පීඩාවට පත් කරන්න එපා..." සුභද්‍ර තුන් වතාවක්ම ඒ විදිහට ඉල්ලා සිටියා. මේ අතරේ මේ සිද්ධිය දැනගත් බුදුරජාණන් වහන්සේ, "පින්වත් ආනන්දය, ඔය සුභද්‍රට එන්න දෙන්න...

සුභද්‍ර තථාගතයන් වහන්සේව වෙහෙස වන්න නෙමෙයි ඇවිත් ඉන්නේ.... සුභද්‍රට විසඳගන්න ප්‍රශ්න තියෙනවා..."

හැම ආගමක්ම එක වගේද...?

සුභද්‍ර පරිබ්‍රාජකයා බුදුරජාණන් වහන්සේ වෙත පැමිණ වන්දනා කොට මේ විදිහට විමසුවා, "ස්වාමීනී, භාග්‍යවතුන් වහන්ස, හැම ආගමකම උගන්වන්නේ එකම කරුණක්ද...? බුදුරජාණන් වහන්සේ වදාළා, "සුභද්‍ර, ඔය සිතුවිල්ල අත්හරින්න... දැන් ඔය ගැන හිතන්න වෙලාව නෙවෙයි.... මෙන්න මෙහෙම හිතන්න... යම් ධර්ම විනයක ආර්ය අෂ්ටාංගික මාර්ගය දකින්න ලැබෙන්නේ නැත්නම්, අන්න එතැන පළමුවෙනි ශ්‍රමණයත් නෑ... දෙවෙනි ශ්‍රමණයාත් නෑ... තුන්වෙනි ශ්‍රමණයාත් නෑ... හතරවෙනි ශ්‍රමණයාත් නෑ..."

"යම් ධර්මයක ආර්ය අෂ්ටාංගික මාර්ගය තිබෙනවා නම්, එතැන පළමුවෙනි ශ්‍රමණයාත් ඉන්නවා... දෙවෙනි ශ්‍රමණයාත් ඉන්නවා... තුන්වෙනි ශ්‍රමණයාත් ඉන්නවා... හතරවෙනි ශ්‍රමණයාත් ඉන්නවා... අනිත් ආගම් සියල්ල ශ්‍රමණයන්ගෙන් තොරයි. මේ ශ්‍රමණයෝ හතර දෙනා තමයි සෝවාන් කෙනා, සකදාගාමී කෙනා, අනාගාමී කෙනා සහ ආශ්‍රව ක්ෂය කරපු රහතන් වහන්සේ..." ඊළඟට බුදුරජාණන් වහන්සේ වදාළා, "මේ බුද්ධ ශාසනය තුළ මනාකොට වාසය කරනවා නම්, **(මේච සුභද්ද භික්ඛූ සම්මා විහරෙය්‍යුං)** ලෝකය රහතන් වහන්සේලාගෙන් හිස් වෙන්නේ නෑ..." **(අසුඤ්ඤෝ ලෝකෝ අරහන්තේහි)** ඉන් අනතුරුව සුභද්‍ර පරිබ්‍රාජකයා බුදුරජාණන් වහන්සේ ළඟ පැවිදි බිමට පත්වුණා. පැවිදි වෙලා ඒ මොහොතේම භාවනා කරලා අරහත්වයට පත්වුණා. ඒ තමයි බුදුරජාණන්

වහන්සේගේ ජීවමානව වැඩසිටිද්දී අවසානයට රහත් වුණ ස්වාමීන් වහන්සේ.

ධර්මය ගුරුවරයා කරගන්න...

බුදුරජාණන් වහන්සේ භික්ෂු සංඝයා අමතා වදාළා, "පින්වත් ආනන්ද, ඔබට මේ වගේ අදහසක් ඇතිවෙන්න පුළුවන්... 'දැන් ඉතින් මේ ධර්ම විනය අතීතයට ගියපු ශාස්තෘන් වහන්සේ නමකගේ නේද...' කියලා. ආනන්දය, එහෙම හිතන්න එපා... ආනන්දය, යම් ආකාරයකින් තථාගතයන් වහන්සේ විසින් ධර්ම විනයක් දේශනා කරන ලද්දේද, පණවන ලද්දේද තථාගතයන් වහන්සේගේ ඇවෑමෙන් අනතුරුව ඒ ධර්ම විනය තමයි ශාස්තෘන් වහන්සේ බවට පත්වෙන්නේ. **(යෝ වෝ ආනන්ද මයා ධම්මෝ ච විනයෝ ච දේසිතෝ පඤ්ඤත්තෝ සෝ වෝ මමච්චයේන සත්ථා)**

ඒ වගේම ආනන්ද, ආයුෂ්මත් ඡන්නයන් හට බ්‍රහ්ම දණ්ඩනය පණවන්න ඕන..." "ස්වාමීනී, මේ බ්‍රහ්ම දණ්ඩනය කියන්නේ මොකක්ද...?" "මේ බ්‍රහ්ම දණ්ඩනය පැනෙව්වාට පස්සේ, ඒ කෙනාට ඕන නම් සංඝයා එක්ක කථා බස් කරන්න පුළුවන්. හැබැයි සංඝයා එයත් එක්ක කථා කරන්නේවත් අවවාද අනුශාසනා කරන්නේවත් නෑ..."

ප්‍රශ්න හංගාගෙන ඉන්න එපා...

බුදුරජාණන් වහන්සේ භික්ෂු සංඝයා අමතා මේ විදියට වදාළා, "පින්වත් මහණෙනි, ඔබලාට බුදුන් කෙරෙහි හෝ ධර්මය කෙරෙහි හෝ සංඝයා කෙරෙහි හෝ මාර්ගය පිළිබඳව හෝ ප්‍රතිපදාව පිළිබඳව හෝ යම්කිසි සැකයක්, කුතුහලයක් තිබෙනවා නම්, දැන් එය

අහන්න පුළුවන්..." නමුත් භික්ෂූන් වහන්සේලා නිශ්ශබ්දව වැඩ සිටියා. බුදුරජාණන් වහන්සේ මේ විදියට වදාළා, "පින්වත් මහණෙනි, ඔබට ශාස්තෘන් වහන්සේ පිළිබඳව ගෞරවයෙන් නම් ප්‍රශ්න ඉදිරිපත් කරන්නේ නැත්තේ, ඔබේ ප්‍රශ්නය මිතුරෙකුගේ මාර්ගයෙන් හෝ විමසන්න..." නමුත් භික්ෂූන් වහන්සේලා නිශ්ශබ්දවම වැඩසිටියා. බුදුරජාණන් වහන්සේගේ කරුණාව මින් හොඳට පැහැදිළි වෙනවා. බුදුරජාණන් වහන්සේ වදාළා, "පින්වත් ආනන්ද, මේ අයට ප්‍රශ්න නැති එක පුදුමයට කරුණක් නෙමෙයි... මෙතැන රැස්ව සිටින පන්සියයක් භික්ෂූන් වහන්සේලා අතර අන්තිම කෙනාත් සෝතාපන්න වෙලයි ඉන්නේ..."

අවසන් මුනි වදන් පෙළ...

බුදුරජාණන් වහන්සේ භික්ෂූන් වහන්සේලා අමතා අවසන් වශයෙන් මේ විදිහට වදාළා,

"**(හන්දදානි භික්ඛවේ ආමන්තයාමි වෝ)** පින්වත් මහණෙනි, අවසන් වරට මම ඔබව අමතමි... **(වයධම්මා සංඛාරා)** මේ සංස්කාර ඔක්කොම නැතිවෙලා යනවා... **(අප්පමාදේන සම්පාදේථ)** අප්‍රමාදීව නිවන් අවබෝධ කරගන්න මහන්සි ගන්න..."

කියමින් උන්වහන්සේ නිශ්ශබ්ද වුණා. බුදුරජාණන් වහන්සේගේ සම්බුදු නෙත් සඟල හෙමිහිට පියවී ගියා. අනඳ තෙරුන් පිරිවරා ගත් උන්වහන්සේගේ ශ්‍රාවක භික්ෂු සංඝයාගේ දර්ශනයෙන් උන්වහන්සේ මිදුණා. ඉන් අනතුරුව උන්වහන්සේ මනා සිහි නුවණින් යුතුව පළමුවෙනි ධ්‍යානයට, දෙවෙනි ධ්‍යානයට, තුන්වෙනි ධ්‍යානයට සහ හතරවෙනි ධ්‍යානයට සමවැදී, පිළිවෙලින් අරූප ධ්‍යානවලටද සමවැදී, අවසානයේ නිරෝධ

සමාපත්තියට සමවැදුණා. මේ මොහොතේ ආනන්ද ස්වාමීන් වහන්සේට එක්වරම කෑ ගැසුණා. 'තථාගතයන් වහන්සේ පිරිනිවන් පෑවා...' මේ මොහොතේ අනුරුද්ධ තෙරුන් වහන්සේ ආනන්ද තෙරුන් වහන්සේට මේ විදියට පැවසුවා, "නෑ ආනන්ද, උන්වහන්සේ ඒ නිරෝධ සමාපත්තියටයි සමවැදුණේ..."

පහන් සිල නිවෙන ලෙස පිරිනිවෙන වෙත ගියා...

ඉන් අනතුරුව බුදුරජාණන් වහන්සේ නිරෝධ සමාපත්තියෙන් නැඟී සිට, අරූප ධ්‍යාන හතරට ආපසු පිළිවෙලින් සම වැදී, හතරවෙනි ධ්‍යානයටත්, තුන්වෙනි ධ්‍යානයටත්, දෙවෙනි ධ්‍යානයටත්, පළමුවෙනි ධ්‍යානයටත් නැවත වරක් සමවැදුණා. ඉන් අනතුරුව උන්වහන්සේ පළමුවෙනි ධ්‍යානයෙන් නැඟී සිට, නැවත වරක් පිළිවෙලින් දෙවෙනි ධ්‍යානයටත්, තුන්වෙනි ධ්‍යානයටත් සමවැදී, හතරවෙනි ධ්‍යානයට සමවැදුණා. හතර වෙනි ධ්‍යානයෙන් නැඟී සිටිනවාත් සමඟම... පහන් සිලක් නිවිලා යනවා වගේ මේ මුළු මහත් ලෝ තලයට පහළ වුණ මහා ඇස, තුන් ලෝකයක් ආලෝකමත් කළ මහා ආලෝකය, අවිද්‍යා අන්ධකාරය දුරු කළ හිරු මඬල, මේ තිලොවටම මාර්ගය පෙන්වා වදාළ, තුන් ලොවක් සනසවමින් වැඩ සිටිය අපගේ ශාස්තෘන් වහන්සේ, මේ මහා භද්‍ර කල්පයේ හතර වෙනුවට පහළ වී වදාළ සිද්ධාර්ථ ගෞතම සම්මා සම්බුදුරජාණන් වහන්සේ පිරිනිවන් පා වදාළා.

බුදුරජාණන් වහන්සේගේ පිරිනිවන් පෑමෙන් අනතුරුව රහතන් වහතන්සේලා උන්වහන්සේගේ ධාතූන් වහන්සේලා තැන්පත් කර වන්දනා මාන

කරන්න පටන් ගත්තා. තවමත් ඒ ගෞතම බුදුරජාණන් වහන්සේගේ ශාසනයේ දෙව් මිනිස් ලෝකයේ බුද්ධිමත් පිරිස උන්වහන්සේ දේශනා කළ ධර්මයේ හැසිරෙමින් සංසාරයෙන් අත් මිදෙන්න මහන්සි ගන්නවා. මේ කල්පයේ පහළ වී වදාළ සතරවෙනි බුදුරජාණන් වහන්සේ වන්නා වූ ද, අපගේ ශාස්තෘන් වහන්සේ වන්නා වූ ද, ඒ භාග්‍යවත් වූ අරහත් වූ ගෞතම බුදුරජාණන් වහන්සේට මාගේ නමස්කාරය වේවා...!

සාදු! සාදු!! සාදු!!!

⚙ ⚙ ⚙

මහාමේඝ ප්‍රකාශන

www.ingramcontent.com/pod-product-compliance
Lightning Source LLC
Chambersburg PA
CBHW070536030426
42337CB00016B/2230
* 9 7 8 9 5 5 0 6 1 4 2 0 2 *